Hermann Römstedt

Die englische Schriftsprache bei Caxton

Hermann Römstedt

Die englische Schriftsprache bei Caxton

ISBN/EAN: 9783743450905

Hergestellt in Europa, USA, Kanada, Australien, Japan

Cover: Foto ©Thomas Meinert / pixelio.de

Manufactured and distributed by brebook publishing software (www.brebook.com)

Hermann Römstedt

Die englische Schriftsprache bei Caxton

Die englische Schriftsprache

bei Caxton.

Von

Hermann Römstedt
aus Barnitz.

Am 4. Juni 1890
Von der philosophischen Fakultät der Universität Göttingen
gekrönte Preisschrift.

Göttingen 1891
Druck der Dieterich'schen Universitäts-Buchdruckerei (W. Fr. Kästner).

Diese Preisarbeit gilt zugleich als Dissertation.

Referent: Herr Prof. Dr. Brandl.
Tag der mündlichen Prüfung: 20. Januar 1892.

Thema der Preisaufgabe.

Der Sprachgebrauch des ersten englischen Buchdruckers *Caxton* ist auf Grund von wenigstens zweien der von ihm geschriebenen und gedruckten Bücher (eines aus seiner jüngeren und eines aus seiner älteren Zeit) darzulegen und zwar im Anschluss an die *Chaucer*-Grammatik von *ten Brink* und die Urkunden-Grammatik von *Morsbach*, sodass die Veränderung der Schriftsprache von *Chaucer* bis zu *Caxton* Punkt für Punkt hervortritt. Die Originaldrucke von *Caxton* auf der hiesigen Bibliothek sind einzusehen, um die Abkürzungen u. dergl. genau zu bezeichnen. Um zugleich die Weiterentwickelung der Schriftsprache bis *Shakspere* zu beleuchten, ist bei jedem Punkte die Schreibung der *Shakspere*-Folio aus der Abhandlung von *Lummert* über diesen Gegenstand mit anzugeben.

Das Urteil der Fakultät lautet:

Der Verfasser hat methodisch und gewissenhaft die Sprache Caxtons dargestellt und sie, wie es die Aufgabe vorschrieb, detailliert mit der nächst vorhergehenden und folgenden Entwickelungsstufe der englischen Schriftsprache verglichen. In löblicher Weise hat er dabei durch synoptische Tabellen Übersichtlichkeit hergestellt, durch ein Verzeichnis von Caxton's Abkürzungen und Druckfehlern allerlei unverlässliches Material ausgeschieden und auch die Hauptresultate richtig herausgestellt. Im einzelnen könnte noch manches klarer gefasst, manches Resultat fruchtbarer verfolgt werden. Aber der Fleiss, die sicheren grammatikalischen Kenntnisse und die besonnene Darstellungsgabe des Verfassers verdienen entschiedene Anerkennung. Die Fakultät hat die Abhandlung des vollen Preises würdig erklärt.

INHALT.

Einleitung 1

I. Teil: Laute.
I. Vokale.
A. Quantität der Vokale.
a) Bezeichnung der Quantität.

1. Durch zwei Vokalzeichen 4
2. Durch das End-*e* 5
3. Durch Konsonantenverdoppelung 6
4. Durch die Qualität des Vokals 6

b) Bestimmung der Quantität.

Länge 6
Kürze 8

B. Qualität der Vokale.
a) In betonter Wort- und Satzstellung.
Kurze Vokale.

a: *ae. a*, wenn nicht Nasalis folgt; *æ; eá; éa*, wenn nicht vor *ld; an. a;* fz. *a* 9
a, *o* vor Nasal 9
e: *ae. e; ié; ie*, ausser vor *ht; éo*, doch nicht vor *ht*, nicht als Uml. von *i; an. e;* fz. *e* 11
i: *ae. i; y; ie, i, y (ea), éo, ie, i, ẏ, éo, é* vor *ht; éo, io* als *u*-Uml. von *i; an. i;* fz. *i* 13
o: *ae. o, eó; an. o;* fz. *o* 15
u: *ae. u; an. u;* fz. *u* 15

Lange Vokale.

$\bar{e}$: *ae. ė; éo; ie;* fz. *éé, ie, ue   ae. æ; éa; eá;* fz. *èè* und Monophthongierungen und Kontraktionen aus *ai, ei* 17
$\bar{i}$: *ae. i; ẏ; y + g; an. i;* fz. *i* 20
$\bar{o}$: *ae. ó; eó; an. ó. ae. á;* angl. *ā (ws. ea)* vor *ld;* fz. *òò* aus lat. *au*, lat. *o* in geschl. Silbe (ausser vor Nasal), lat. *ō* in *-ōrium, -ōria* 20
$\bar{u}$: *ae. ú;* fz. *ou* aus lat. *ū, ō*, lat. *ŏ* vor Nasal 21

Diphthonge.

ai, ei: ae. e, æ + g; ea + ht; an. ei; fz. ai, ei 22
ei, i: ae. é, éo, ie, ā, éa + g, h; an. œ + j 23
au: ae. a, ea + g, w, h; ǣ + ht; an. au; fz. au; fz. a vor gedecktem Nasal und l 24
ou: ae. o, u, ō, ū + g, w, ht; â + g, w; â + ht 24
eu: ae. éo, ǣ, éa + w; fz. eu, ieu, u, ui 25
oi, ui: fz. oi, ui aus lat. au, ō, ū + i, lat. ŏ + i vor Nasal und l; fz. oi aus älterem ei 26

b) In unbetonter Wort- und Satzstellung.
1. In unbetonter Wortstellung.

Endsilben 27
Vorsilben 28
Zwischensilben 29

2. In unbetonter Satzstellung 29

II. Konsonanten.
Labialreihe.

p, b, f, v, w, m 30

Dentalreihe.

t, d, th, s (ae. s; afz. s, z, afz. c aus lat. c vor e und i, bzw. lat. ce, ci, te, ti vor Vokal), sh (ae. sc; afz. ss aus lat. sc vor e, i bzw. lat. sci, sti vor Vokal), ch (ae. palatales c; afz. ch), dg (ae. inlautendes cg, ng; afz. j, g), l, n, r 31

Palatalreihe.

c, k (ae. gutt. c: an. k; afz. c vor a und u), g, y (ae. g; an. und afz. Media g), h, gh 34

Anhang: Caxton's Druckweise.

Kürzungen 35
Dekorative Zeichen 36
Bindung und Trennung von Silben und Wörtern 36
Druckfehler 36

II. Teil: Flexion.
I. Substantivum.

Singular 37
Plural 37

II. Adjektivum.

Flexion 38
Steigerung 39

III. Zahlwort.

Kardinalia 39
Ordinalia und Zahladverben 39

IV. Pronomen.

Personalia 40
Possessiva 41
Demonstrativa 41
Interrogativa und Relativa 41
Sonstige Pronomen 42

V. Verbum.

A. Die starken und schwachen Verba.

a) Tempusbildung.

Starke Verba 42
Schwache Verba 44

b) Flexionsendungen.

Präsens 45
Präteritum 46

B. Präterito-Präsentia und Anomala 47

Resultate 51

In Bezug auf die Stellung *Caxton's* in der Entwicklungsgeschichte der englischen Schriftsprache sind zwei Hauptfragen zu beantworten:
1. Was sagt er uns als passiver Zeuge über die Veränderungen des Sprachgebrauchs, die in den hundert Jahren nach *Chaucer* und den ältesten Londoner Urkunden eingetreten waren?
Es wird im einzelnen zu entscheiden sein, ob *Chaucer* oder die Urkk. für die Entwicklung massgebend waren, inwieweit und in welcher Richtung Aussprache und Flexion sich änderten, ob und inwiefern die Schreibung bereits konventionell geworden war.

Vorausgesetzt ist dabei, dass *Caxton* die Sprache der gebildeten Londoner wirklich in voller Reinheit beherrschte. Da er in Kent geboren und in die Schule geschickt wurde, ursprünglich den dortigen Dialekt auch sprach, so läge die Vermutung nahe, dass er allerlei Kentismen eingemischt habe. Aber die weiteren Angaben über sein Leben, sowie seine eigenen Äusserungen sprechen entschieden dagegen (vgl. Blades, *The Life and Typography of Caxton* 1861/63 und *Dict. Nat. Biogr. IX* S. 381—389). Er kam nämlich 1438 nach London, um die Kaufmannschaft zu erlernen, wurde 1446 Kaufmann in Brügge und bekleidete seit 1462 als *Governor of the English Merchants* in den Niederlanden ein angesehenes Amt, welches volle Kenntnis der hauptstädtischen Kaufmanns- und Kanzleisprache forderte. Bald darauf finden wir ihn in Beziehungen zum englischen Hof: 1464 wurde er bereits bei den Verhandlungen wegen Erneuerung des Handelsvertrages mit dem Herzog von Burgund beschäftigt, und 1470/71 ging er ganz in den Hofstaat der Schwester Edward's IV. über, welche seit 1468 als Herzogin in Brügge residierte. Dass man auch am Hofe seine Ausdrucksweise als mustergültig ansah, ergiebt sich schon aus dem Umstande, dass ihm der Bruder des Königs, *Earl Rivers*, seine Übersetzung von *The Dictes and Sayings of the Philosophers* zur Revision vorlegte. *Caxton* selbst begann seine Übersetzungsarbeiten auf den Wunsch der Herzogin. Er übertrug und druckte (wohl 1474) *Raoul Lefevre's Recueil des Histoires de Troye* und 1474—75 *The Game and Play of the Chess*.

Als er endlich nach England zurückgekehrt war und in Westminster seine Druckerei eingerichtet hatte, erfreute er sich stets des lebhaftesten Interesses des königlichen Hauses und des höchsten Adels. *The Dictes and Sayings of the Philosophers* ist das erste Buch, das er auf englischem Boden druckte (vollendet am 18. *Nov.* 1477).

Nach solchem Lebens- und Bildungsgang konnte *Caxton* selbst seinen Heimatsdialekt wohl als *brode and rude* bezeichnen (Prolog zu *Recuyell of the Hist. of Troye*).

Andrerseits war *Caxton* ein Feind von Zierlichkeit und Künstelei, ein Mann der praktischen Mitte, der vor allem auf möglichst allgemeine Verständlichkeit bedacht war und deshalb sowohl die dialektischen *olde and homely termes* der *uplondish men*, als auch die gelehrten *moste curyous termes* einiger *grete clerkes* zu vermeiden suchte (Prolog z. *Eneydos*). Er erscheint demnach als ein besonders geeigneter Zeuge für die damalige Phase der Schriftsprache, und der Vergleich seiner Sprache mit seinem kentischen Heimatsdialekt wird diesen Satz noch erhärten.

2. Hat *Caxton* auch aktiv in die Entwicklung der Schriftsprache eingegriffen?

Die Formen, die der erste englische Drucker bei dem noch vielfach schwankenden Zustande der Schriftsprache unter den verschiedenen Schreibweisen auswählte, hatten alle Aussicht, auf die Dauer festgehalten zu werden, zumal aus seiner Werkstätte auch noch seine nächsten Nachfolger *Wynkyn de Worde* und *Robert Copland* hervorgingen.

Um genau die Fälle herausschälen zu können, in denen er so dem äusseren Bilde der Sprache seinen Stempel aufdrückte, müssten freilich die vorausgehenden Denkmäler der Schriftsprache in genügender Ausdehnung untersucht sein. Inzwischen kann wenigstens angeführt werden, in welcher Art er gegenüber den bei *Morsbach* behandelten Urkk. die Schreibweise bewahrt oder geändert hat und wie seine Wahl bis herab zu *Shakspere's* Folio von 1623 von den Druckern respektiert wurde.

Ausser der Abhandlung von Lummert habe ich von der inzwischen erschienenen Litteratur noch benutzen können:

Würsner, Die Orthographie der ersten Quarto-Ausgabe von *Shakspere's Venus and Adonis* und *Lucrece*. *Wien* 1887.

Sopp, Orthographie und Aussprache der ersten neuenglichen Bibelübersetzung von *W. Tyndall*. *Marburger Diss.* 1889.

Salge, Der Vokalismus in den Gedichten des *Earl of Surrey*. *Jenaer Diss.* 1887.

Wille, Die Orthographie in *Roger Ascham's Toxophilus* und *Scholemaster*. *Marburger Diss.* 1889.

Schoeneberg, Die Sprache *John Skelton's* in seinen kleineren Werken. *Marburger Diss.* 1888.

Von *Caxton's* Werken, die mir in genauem Abdrucke vorlagen, habe ich ganz benutzt:

B.C. *Book of Curtesye*, geschrieben von einem Schüler *Lydgate's*, gedr. von *Caxton*. 1477/78. Abdruck von *Furnivall, E.E.T.S. Extra Series III* 1868.

R.F. *Reynard the Fox*, übers. von *Caxton* selbst aus dem Niederländischen, gedr. 1481 Abdruck von *Arber, English Scholar's Library* 1878.

Ferner habe ich zu beträchtlichem Teile auf Abweichungen hin durchsucht:

Bl.E. *Blanchardyn and Eglantine*, übers. und gedr. von *Caxton* ca. 1489. Abdruck von *Keller, E.E.T.S. Extra Series LVIII* 1890.

F.S.A. Foure Sonnes of Aymon, übers. und gedr. von *Caxton* ca. 1489. Abdruck von Richardson, E.E.T.S. XLIV/V 1884.
M.A. Le Morte Darthur, übers. von *Malory* 1469, gedr. von *Caxton* 1485. Abdruck von Sommer, 1889.
E.E. Eneydos Englisht von *Caxton* selbst, gedr. 1490. Abdruck von *Culley* und Furnivall, E.E.T.S. Extra Series LVII 1890.

Ausserdem konnte ich auf der hiesigen Universitäts-Bibliothek folgende Originaldrucke Caxton's einsehen:
Infancia saluatoris, 147—? Unicum.
The Mirrour of the Worlde, or thymage of the same, 1480.
The laste siege and conquest of Jherusalem, 1481.

Bei Benutzung derselben habe ich von Seiten der Verwaltung der hiesigen Königl. Bibliothek das freundlichste Entgegenkommen gefunden, wofür ich hiemit meinen besten Dank ausspreche.

I. Teil: Laute.

I. Vokale.

A. Quantität der Vokale.

a) Bezeichnung der Quantität.

1. Ein sicheres Zeichen für Länge ist die Schreibung mit zwei Vokalzeichen.
Für den langen *a*-Laut findet sich
aa in *caas, percaas* B.C. 141, 142, 225, R.F. 12,₁₆, 35,₂₄; *paas*, darnach auch *trespaas* B.C. 81, R.F. 9,₂₂, 14,₁₉, 56,₃₅; *maad* R.F. 4,₂; *gaaf* E.E. 6,₁₆; *saacke* R.F. 52,₁₂; *laaden* R.F. 59,₁₀ u. s. w.
ae ist selten: *saefte* R.F. 55,₁₂. Bei *waer* R.F. 22,₄ dürfte man auch an Zerdehnung durch *r* denken. Die Eigennamen finden sich bereits in dem niederländischen *Reynaert de vos* in derselben wechselnden Schreibung: *Kywaert, Tybaert, Lupaert, Grymbaert* neben *Grymbart, Grymbert* u. s. w. R.F. 8,₂₀, 29,₂₄, 57,₁₉, 88,₄.
Der lange *e*-Laut wird bezeichnet durch
ee, z. B. *theef*, ae. *þéof* R.F. 6,₂₄; *eeris*, ae. *éare* R.F. 15,₂.
Daneben kommen besondere Zeichen für offenes und geschlossenes *e* vor:
ea steht für offenes *e* nur in einem germanischen, aber oft in französischen Wörtern: *great* R.F. 49,₂; *peas, please* u. s. w. (Belege unter *ẹ*). Eigentümlich ist *hayre, heyre* neben häufigem *here, heer* E.E. 15,₇, M.A. 27,₁₇, 362,₁₉, 657,₁₀, wo wieder eine Zerdehnung durch *r* vorliegen mag.
ie, ye entspricht altem geschlossenem *ē* in *diere, friend, chief* u. s. w. (Vgl. *ẹ*). Hieher gehören nicht die Fälle von Zerdehnung vor *r* wie in *fyer* R.F. 22,₂₅, *eyer* R.F. 49,₂₅, und ganz abseits stehen jene *ie*, deren *e* als zu der folgenden Silbe gehörig gefasst wurde, z. B. in *twyes, thryes, worthiest, crye, lye, vyllonye*; auch in *myes* R.F. 23,₂₉, 28,₁₃, 16,₁₇, 49,₅, ₃₁, 6,₁₃, 21,₄, ₅, ₆, ₈, ₁₄. Konsonant ist *y* in *ye (you)*.
eo, selten (für fz. *ue*) in *people*, z. B. E.E. 1,₁₂.
Für langes *o*, gleichgültig ob geschlossen oder offen, steht
oo, z. B. *boore*, ae. *bár* R.F. 31,₂; *goode*, ae. *gód* R.F. 4,₃ und seltener
oe: *rock, roeck, rocke*, ae. *hróc* R.F. 2,₂₂, 55,₁₇, 56,₁₆, 59,₁₅, 61,₂₇, 67,₁₆, 69,₁₇, 71,₂₄, 72,₄, sonst *roke*; *floer*, ae. *flór* R.F. 22,₂₂, 27,₂₉; *moed*, ae. *mód* R.F. 6,₂₄, 7,₂₄, 44,₁₇; *behoefful* von ae. *behóf* R.F. 87,₁, sonst *behoueth* u. s. w.; *toeth*, ae. *tóð* R.F. 15,₂₆; *goed*, ae. *gód* R.F. 26,₂₂, sonst immer *good, gode, god; Woerden* R.F. 73,₁₉. — *shroef*.

3. Sg. Prt. von *ae. scrífan R.F.* 25,₁₃; *soe, ae. swá E.E.* 13,₂₀; *shoel*, 3. *Sg. Prt.* von *ae. scúfan R.F.* 18,₁₀, 95,₂₄, daneben *shooue*. — *hoel* neben *hool, hole, ae. hol,* z. B. *R.F.* 100,₂, ₂₄. An Zerdehnung könnte man wieder denken bei *floer*. Zur Flexionssilbe gehört das *e* in *shoes, shoen* (vgl. *shois, shoys*) *R.F.* 45,₂₀, ₂₅, ₂₆, ₂₉, *moeue*, afz. *movoir*, z. B. *E.E.* 44,₁₅, ₂₂, ₂₄.

Diese Schreibung, in südenglischen Denkmälern des 13. Jahrhunderts nicht selten, war *Caxton* wohl vorwiegend aus dem Niederländischen bekannt und ist in Eigennamen wie *Sloepcade R.F.* 37,₁₆ von ihm direkt herübergenommen.

Langes *u* wird dargestellt durch
ou oder *ow* z. B. *hows R.F.* 5,₂₀; *doun R.F.* 7,₂₅. In germanischen Wörtern erscheint *ú* fast immer als *ow*, in französischen meist als *ou*.

Nicht immer ist indes *ou, ow* Zeichen für Länge. Ganz abseits stehen Fälle wie *doughter, knowe* u. s. w., in denen *ou, ow* diphtongisch gesprochen wurde, und unsicher sind auch diejenigen romanischen Wörter, in denen schon französisch *ou* neben *o* steht: *courage, corage*; *prouffyt, proffyte* u. s. w. In *yur B.C.* 429 liegt wohl ein Druckfehler vor.

uy erscheint selten für *ú* in *Bruyn, huylen* u. s. w. So schon vor *Caxton* in englischen Handschriften, besonders aber niederländisch.

ú ist der einzige Laut, bei dem die Schreibung mit zwei Vokalzeichen Regel ist. Findet sich einmal ein einfaches *u*, so darf es als Zeichen für Kürze gefasst werden (s. jedoch sub *n*). Für ursprüngliches *i* dagegen finden wir nie eine Doppelung. Die in den Urkk. gelegentlich vorkommenden Längenbezeichnungen *iy, ey, oy* und auch das bereits in der Proklamation *Heinrich's III.* vom Jahre 1258 verwendete und dann bei *Tyndale* wieder auftauchende *oa* hat *Caxton* nicht.

Wenn Schreibungen mit drei Vokalen vorkommen, wie *boook, hoow M.A.* 2,₂₄ *R.F.* 1,₂, so sind dieselben wohl nur charakteristisch für die nicht immer erschöpfende Revision der Korrekturbogen.

2. Das End-*e*
ist ebenfalls häufig ein Dehnungszeichen.

Die Haupttendenz ist die, nach langem Accentvokal und stimmhaftem Auslauts-Konsonanten das *e* zu erhalten oder anzufügen, wenn die Länge des Vokals nicht schon auf andere Weise bezeichnet ist (*Klapprott, Das End-e in W. Langland's Buch von Peter dem Pflüger*, Text B, *Göttinger Diss.* 1890). So steht z. B. *good* oder *gode, maad* oder *made, hoel* oder *hole*.

Indes erleidet diese Regel — ganz abgesehen von den Fällen, in denen man trotz oft bezeugten zwiefachen Vokals Kürzung vor *n* und *d* oder in unbetonter Satzstellung annehmen könnte — so viele Ausnahmen, dass an eine Bestimmung der Quantität mit Hülfe des End-*e* nicht zu denken ist: *yer, ae. geár R.F.* 105,₁₂; *swyn, ae. swín R.F.* 92,₂₄; *dam,* fz. *dame R.F.* 23,₁₀; *abyd*, Inf., *ae. ábídan R.F.* 93,₁ u. s. w.

Ist die Länge des Accentvokals bereits bezeichnet oder folgt ein stimmloser Konsonant im Auslaut, so kann *e* stehen oder fehlen. Bei kurzem Vokal herrscht ebenfalls grosses Schwanken.

Nebenbei besteht die Tendenz, ein ornamentales *e* anzufügen nach zwei Auslautskonsonanten, besonders nach zwei gleichen: *foxe, lorde*; *catte, bed* aber *bedde*. Doch auch *liff, shall* u. s. w. Ferner dient das End-*e* oft zur Bezeichnung der Stimmhaftigkeit des Endkonsonanten. Auslautendem *v* und *tz. g* ist immer ein *e* angefügt: *fyue, courage* (1 Mal *corag* E.E. 76,15). Das Nähere siehe bei der Flexion.

Daraus geht hervor, dass *Caxton* hier und in der Quantitätsbezeichnung überhaupt keine neuen Gesetze eingeführt hat; er blieb bei den Tendenzen, die schon ein Jahrhundert vor ihm nachzuweisen sind.

3. Konsonantenverdoppelung
tritt häufig ein nach kurzem Vokal: *yett* R.F. 31,29; *clerck* B.C. 220; *crosse* R.F. 15,24; doch auch *spak* R.F. 6,22 neben *spack, spacke* R.F. 7,11, 13,30 u. s. w.

Es wird aber auch nach langer und als lang bezeichneter Silbe der Konsonant manchmal verdoppelt, z. B. in *dounn, hounnde, saacke* R.F. 109,24, 10,24, 52,13, wo offenbar nur die Länge des Konsonanten bezeichnet werden soll.

Bezüglich der Quantität ist uns also auch hier kein sicherer Schluss gestattet. Nur vor dem Komparativ- und dann auch vor dem Superlativ-Suffix mag das so häufige Eintreten der Konsonantenverdoppelung die Kürzung in *gretter, nerrer* u. s. w. erweisen. Vgl F. Brück, Die Konsonantendoppelung in den me. Komparativen und Superlativen. *Leipzig* 1886.

4. Die Qualität des Vokals
bestimmt die Kürze desselben, wenn
ae. *â* zu *a*, statt zu *o* wird, wie in *halydayes*, oder
ae. *æ, éa* zu *a*, statt zu *e*, wie in *ladder, lapwynches*.

Verlässlich sind demnach nur die wenigen durch die Qualität zu bestimmenden Fälle und dann die Schreibungen mit zwei Vokalen. Da nun aber, abgesehen vom *ú*, ein langer Vokal durchaus nicht immer durch zwei Zeichen dargestellt wird, so können wir in folgendem nur bestimmen, in welchen Fällen, aber nicht in welchem Umfange Länge oder Kürze zu stehen pflegte.

b) Bestimmung der Quantität.
Länge.

1. ae. Länge ist erhalten
im Silbenauslaut und vor einfacher Konsonanz: *woo*, ae. *wô* R.F. 33,3; *keep*, ae. *héap* R.F. 16,30; *toeth*, ae. *tôd* R.F. 15,24. Hieher gehört auch *fool* R.F. 17,20, 23,22 aus an. *fôl*, nicht afz. *fol*, wie Skeat will.

Dabei ergiebt sich, dass die ne. Kürzungen vor *d* und *n* durchaus noch nicht durchgeführt sind: *heed*, ae. *héafod* R.F. 2,15, 9,16, 15,9, 19, 26; *deed*, ae. *dêad* R.F. 9,15, 23,15, 27,11; *reed*, ae. *rêad* R.F. 18,20; *leed*, ae. *lêad* R.F. 37,26; *good, goodly*, ae. *gôd* B.C. 46, 70, 75, R.F. 4,2, 22; *bloode*, ae. *blôd* R.F. 34,26; *coude*, ae. *cûde* R.F. 10,4, 11,11, 16,25; *hood*, ae. *hôd* R.F. 17,13; *wood*, ae. *wôd* R.F. 44,20; *stoode*, ae. *stôd* R.F. 33,3,

E.E. 20,₂; doon, Inf. u. Ptz., R.F. 86,₃₄, 59,₁₈, 113,₉; goon, Inf. u. Ptz., R.F. 10,₇, 12,₂, 118,₁₃; been, Ptz., R.F. 27,₁₁, 36,₃₂, 56,₃₁. — Auch noch breeth, ae. brǣd R.F. 55,₂₆; weet, ae. wǣt R.F. 38,₂₁, F.S.A. 226,₂₀; hoote, ae. hát F.S.A. 136,₁₇; deef, ae. dēaf F.S.A. 586,₁₈.

2. Auch vor gedeckter Liquida und Nasalis, sowie vor st ist ae. langer Vokal bewahrt. friend, ae. frēond R.F. 3,₂₂, ₂₅; preest, ae. prēost R.F. 21,₁, ₁₇, ₂₃; mooste, ae. mǣst R.F. 13,₅; doost R.F. 83,₃₀; leest u. s. w.

theefte, ae. þēofđe R.F. 74,₂₉ verdankt die Länge wohl einer Neubildung aus theef.

3. Vor gedeckter Liquida und Nasalis ist me. gedehnter Vokal nachzuweisen
a) in germ. Wörtern vor ld, nd, rn, rc u. st in folgenden Fällen: feeld, ae. feld R.F. 38,₂₀, 82,₉, 85,₃₁, 112,₁₈, ₂₁, ₄₁, E.E. 163,₄; seeld, ae. seldan, seldum R.F. 7,₂₆; shoulde, sholde, shulde, stets wolde, cf. Flexion. — hound, ae. hund R.F. 1,₃, 6,₁₅, ₁₇, 10,₂₄, ₃₉, 42,₃₁, 55,₂₃, 60,₂₇, 63,₂, 113,₂₆; ground, grounde, ae. grund R.F. 5,₇, 28,₁₈, 38,₃₄, 48,₂₃, 55,₂₇, 73,₁₇, E.E. 144,₂₆; wound, wounde, ae. wund R.F. 7,₁₃, 17,₂₅, 18,₃₀, 46,₁₂, 55,₉, 61,₂₅, 106,₅; founden, ae. funden R.F. 14,₃₀, 36,₂₉, 57,₃₂; bounden, ac. bunden R.F. 45,₂, 46,₁₁, 47,₂₅; stoundmele, ae. stund R.F. 40,₃₄; round, ae. rund B.C. 469, R.F. 10,₇; pound, ae. pund R.F. 98,₄; vielleicht gehört hieher auch pounde E.E. 90,₁, 103,₁₅, ae. pund, pind (oder fz. bonde: ponde E.E. 163,₃₄). — mourned, ae. murnan M.A. 37,₂₅. — weerkes, ae. weorc R.F. 114,₃₇. — reest, ae. rest F.S.A. 45,₁₉, 229,₃₁; geestes, ae. gǣst, gest, gist Bl.E. 67,₃₀; waast, ae. wǣst (vgl. wǣstm, ahd. wahst) F.S.A. 350,₇.

dounbe, ae. dumb E.E. 100,₁₅ ist vielleicht verdruckt für dombe; F.S.A. 82,₁₆ steht dom. Vor ng ist keine Dehnung eingetreten in tunge, tonge, ae. tunge B.C. 89, 165, 350, R.F. 55,₂₂ u. s. w.

β) In fz. Wörtern ist Dehnung eingetreten vor gedeckter Liquida und Nasalis, vor st (vgl. Marx, Hülfsbüchlein, Berlin 1889 und Behrens, Beiträge z. Gesch. d. fz. Sprache in Engl., Franz. Stud. V. 2, S. 88, 107) und auch vor ss (Behrens, S. 76, 89): poort, fz. port (Benehmen, Haltung) B.C. 96; poorte (Hafen) E.E. 49,₁₈. — beest, afz. beste B.C. 64, R.F. 5,₉, 10, 14, 15, 17, 19, 10,₃, 16, 12,₃₁; feest, afz. feste B.C. 66, R.F. 5,₂, 11, M.A. 43,₁₅, E.E. 66,₁₂, F.S.A. 499,₁₂; hoost, oost, afz. host M.A. 36,₄, 37,₁₆, 39,₁₄, ₂₁, E.E. 91,₃, 132,₂₃, 133,₂₀, Bl.E. 57,₂₉. — preesses, fz. presse F.S.A. 44,₁₈, Bl.E. 194,₂₆; paas, trespaas, afz. pas B.C. 81, R.F. 11,₂₃, 14,₁₉, 56,₃₆.

4. me. Dehnung im Silbenauslaut: beere, ae. bera R.F. 12,₁, ₂₃, 15,₂₆, 16,₂₆, 78,₁₁; meet, ae. mete F.S.A. 123,₂₉; geer, ae. gearwe B.C. 473. — saacke, ae. sacu R.F. 52,₁₂; laaden, R.F. 59,₁₀; maad, ae. maked (Morsb. S. 22) R.F. 4,₅. — noose, ae. nosu, nasu R.F. 16,₁₅; loosed, ae. losian R.F. 77,₂₅; moewe, afz. movoir E.E. 44,₁₅, ₂₂, ₂₄, Bl.E. 59,₂₃.

waer und hoel, hool, ae. wǣr, hol mögen nach varian, holian neu gebildet sein: R.F. 22,₄, 12,₂₄, 21,₃₁, 22,₁, ₃, 23,₁₈, 62,₃, 99,₃₄, 100,₃, ₄, ₃₂; so auch spourys, ae. spura, spora Bl.E. 26,₄ nach spurnan (sporys Bl.E. 18,₅).

u wird in offener Silbe gedehnt zu oo in woode, ae. wudu R.F. 41,₁₉, 42,₂₆, E.E. 89,₃₁.

Ebenso ist *i* sicher in einigen Wörtern, besonders vor Dentalis und *v*, zu *ee* gedehnt, wie noch *ne. beetle, evil, weevil,* das dialektische *meicle, leetle* und das *Shakspere*'sche *beesome* beweisen. Vgl. unten bei *i*, ferner *Murrays Dictionary* s. v. *beetle*; *ten Brink* § 35, 325; *Morsbach* S. 181.

Kürze.

1. *me.* Kürzung vor zwei Konsonanten ist zu erweisen in *aske, axe, ae. áscian,* z. B. *R.F.* 27,17, *M.A.* 36,9, *E.E.* 2,20; *dradde, drad, ae. drǽdan,* z. B. *B.C.* 359; *ladder, ae. hlǽdder R.F.* 33,37; *lapwynches, ae. hléapwince R.F.* 60,24; *husbond, husbad, husbondman R.F.* 13,33, 35,14, 37,22, 112,10; *husewyf R.F.* 39,7.

Schwankend gekürzt sind: *ae. rǽdan, lǽssa* (immer aber *leste* aus *lǽst B.C.* 203, *R.F.* 35,2, 41,15, 76,9), auch *lǽtan,* das wie *latjan, letjan* ein schwaches *Prt.* gebildet haben mag: *radde* (Prt.) *R.F.* 47,2, *redde R.F.* 7,8; *lasse R.F.* 13,2,3, sonst *less,* z. B. *R.F.* 13,1, 85,3; *lute* (Imp. u. Inf.) ist Regel, z. B. *R.F.* 13,31, *E.E.* 3,24, seltener *lete B.C.* 17, 125, 186, 267, 269, 397, 426, 477, *R.F.* 65,27, *M.A.* 38,32,35, 40,36, 42,4; *lad,* Ptz. Prt. von *ae. lǽdan Bl.E.* 50,19; *ledded,* Prt. Pl., *F.S.A.* 240,2.

In Zusammensetzungen mit *-ful, -ly, -nesse* hat diese Regel nur selten Geltung: *goostly, ae. gást R.F.* 48,13; *goodly, ae. gód BC.* 70, 96, 100; *friendly R.F.* 14,2 60,16; daneben *godly, frendly* wie im einfachen Adjektiv, *B.C.* 302, *R.F.* 60,31; *behoefful* von *ae. behóf R.F.* 87,1; *leefully, ae. léaffull E.E.* 14,35; lang ist auch wohl *sykenessis, ae. séoc R.F.* 83,17,19, 82,19. Kürze ist nur eingetreten in *halydayes, ae. hálig R.F.* 28,24 und *halowmas M.A.* 41,11.

Ueber *lady* vgl. *T. Brink* § 19, *Morsb.* S. 45.

2. In unbetonter Satzstellung sind gekürzt *ae. án* als unbestimmter Artikel zu *a, an* (doch *on R.F.* 5,11); *us, ae. ús; but, ae. bútan; muste, ae. móste; not* neben *nought.*

3. Schweres Suffix (nicht flexivisches *n, r, y*) verhindert Dehnung altenglischer Kürze; das komparative *-er* scheint in einigen Fällen sogar alte Länge zu kürzen: *wonder, ae. wundor R.F.* 37,7, 40,40, 88,4, 89,31, 90,17; *hondred, hundred, ae. hundred R.F.* 82,29 85,2, *M.A.* 44,29, 31; *praty, ae. prǽtig Bl.E.* 53,16, 56,30, 66,13. — *ae. léof, liof* bildet stets *lyef, lief,* auch *lyeuest,* aber Komp. *leuer,* ausnahmsweise *lieuer E.E.* 28,1, 36,22. Durchweg mit Doppelkonsonanz erscheinen *gretter, nerrer, derrer* auch *grettest, deppest.* Doch findet sich auch *sooner, ae. sóna E.E.* 163,35.

Fälle von Dehnung vor *st* (und fz. *ss*) sind bei *Chaucer* und in den Urkk. nicht belegt; *i* und *u* in offener Silbe bezeichnet *ten Brink* als schwebend, *Morsbach* als kurz. Sonst sind in allen wesentlichen Punkten die Quantitätsverhältnisse von *Chaucer* bis *Caxton* dieselben geblieben.

B. Qualität der Vokale.
a) In betonter Wort- und Satzstellung.
Kurze Vokale.
a.

ae.	Chaucer.	Urkunden.	Caxton.	Shakspere.
a, wenn nicht Nasalis folgt; æ; eá; éa, wenn nicht vor ld. Dazu fz. a; an. a.	a. yerd, berd, fern; togedre u. togidre; wex u. waxen, flex.	a. togedre u. togydre; wex u. wax.	a. yerde, berde, gere; togydre, retches; wexe u. waxe.	a. beard; together u. togither.

Vor r erscheint in ae. geard, beard und gearwe infolge der Dehnung ein e statt a: yerde R.F. 10,1, 14,23, 24, 15,26; berde R.F. 32,30, 103,22, 117,31, E.E. 163,26; geer, gere B.C. 50, 473. In nebentoniger Silbe steht wie schon im ae. und in den Urkk. (Morsb. S. 50, 51) gelegentlich a in chircheyard M.A. 40,20, Grymbart R.F. 24,2, 61,5 neben häufigerem Grymbert, Grymbaert (v. Quantität sub lang a).

Das schon bei Chaucer belegte ermen, ae. earmian R.F. 48,4 kann nach ae. ierman gebildet sein; merke R.F. 73,21 und sperkel E.E. 43,10 mögen auf ae. miercan, spiercan, nicht mearcian, spearca zurückgehen.

Palatalumlaut togydre, ae. tógædere, z. B. R.F. 10,29, M.A. 41,4. Im Verb gadre, ae. gædrian, gadrian R.F. 91,9 dagegen hält sich der alte Vokal. — retches, ae. ræcc E.E. 53,15.

ae. Nebenformen sind erhalten in whether, ae. hweder (hwæðer), z. B. M.A. 42,5, 45,27; bely, ae. belg (bælig) R.F. 8,1; wexe, wexynge, ae. wexan (Sievers § 392, Anmerk. 3) R.F. 46,26, 34,20, E.E. 2,21, Bl.F. 54,11, 64,16, daneben waxid, ae. weaxan M.A. 38,8; nose, noose, ae. nosu (nasu) B.C. 39, R.F. 16,15.

scorne R.F. 17,17, 86,28, 23,10 ist schon früh me. aus afz. escarn, lat. scoria. Über perfyghtly siehe e.

a, o vor Nasal.

ae.	Chaucer.	Urkunden.	Caxton.	Shakspere.
a, o + n, m, nn, mm.	a. from, fro.	a. thanne u. thenne; whan, selten when; many, selten meny; from, fro.	a. than=quam, then =tum; whan, seltener when; from, fro; vereinzelt begon, ronne.	a. than u. then; from.

ae.	Chaucer.	Urkunden.	Caxton.	Shakspere.
a, o + nd.	o. and, answere, selten hand.	o häufiger als a. Immer answere.	o und a. Immer and, answere.	a. strond.
a, o + ng.	o.	o, selten a.	o, im Verb durchweg a.	o, im Verb u, a, o.
a, o + nk.	a.	a und o.	a. Einmal slonked.	u.
a, o + mb.	combe, lombe.	rombe, lambe.	combe, lambe.	combe, lambe.

1. *a, o + n, m, nn, mm.* *than* und *then*, ae. *þanne, þonne, þænne* finden sich nur bei *Caxton* bereits wie im *ne.* gesondert. *Chaucer (ten Brink § 12)* hat immer *than*, *Tyndale* (*Sopp* S. 15) immer *then*; die *Urkk.* (*Morsb.* S. 28), *Surrey* (*Salge* S. 4), *Ascham* (*Wille* S. 9) und *Shakspere* (*Lummert* S. 6, 12) schreiben *than* und *then* sowohl für *tum* als für *quam*. Offenbare Versehen liegen vor *R.F.* 23,32, wo *thanne* in der Bedeutung „dann" steht und *R.F.* 17,29, 57,12, wo *then* nach einem Komparativ gebraucht wird. — ae. *þanan(nes)* wird immer zu *thens R.F.* 10,16.

ae. *hwanne, hwonne, hwænne* ergiebt in der Regel *whan*, besonders in den späteren Werken, manchmal auch *when*, nie *whon*. Beisp. für *when R.F.* 24,7, *M.A.* 35,1; *whan R.F.* 3,29, *M.A.* 35,9, *E.E.* 1,26. Seltener wird geschrieben *wha, whanne, whenne R.F.* 34,26, *M.A.* 25,24, 44,10, *E.E.* 2,2.

ae. *from, fram* ergiebt stets *from, fro R.F.* 3,14, 21. Ganz vereinzelt begegnet *Sg. Prt. begon, ronne R.F.* 107,5, 20,8 statt *began, ran*.

2. *a, o + nd.* Hier wechseln *a* und *o* in demselben Wort: *lande R.F.* 5,13, *M.A.* 38,2, *E.E.* 2,2, *londe R.F.* 39,9, *M.A.* 38,2, *E.E.* 2,26; *Holland, scotland, yrland, selande R.F.* 9,28, *M.A.* 44,17, 45,16, *E.E.* 2,21, *Englonde, Irelonde M.A.* 35,2, *E.E.* 4,16. Ebenso sind *a* und *o* in ungefähr gleicher Zahl vertreten in *sande, sonde; stande, stonde; hande, honde* u. s. w. *Tyndale* (*Sopp* S. 24) hat noch dasselbe Schwanken.

Immer *a* hat *and* (ten Brink § 58) und *answere* (*Morsb.* S. 62), z. B. *R.F.* 4,2, 6, 8,4, 19,17. — Einmal *bende*, fz. *bande F.S.A.* 538,4.

3. *a, o + ng.* Das *a* in den Verbalformen ist offenbar zunächst im *Sg. Prt.* entstanden durch Analogie zu *mat, bar, halp*. 3. *Sg. Prt. sange R.F.* 7,5, Subst. *songe R.F.* 7,7; 3. *Sg. Prt. wrange R.F.* 15,16, Subst. *wronge R.F.* 19,5. Ebenso *sprange, hange, slange, swange, y strangled*, aber *longe, stronge, emonge, euensonge* u. s. w.

Ausnahmen: *songe*, 3. *Sg. Prt.*, *R.F.* 7,2, *longen, longeth, longed R.F.* 11,14, *F.S.A.* 193,5, 480,12, *honged F.S.A.* 215,22.

henged Bl.E. 29,7 hat an. *e*.

4. *a, o + nk.* *slonked* steht *R.F.* 55,22.

5. *u*, *o* + *mb*. *combe, combes*, ae. *camb* R.F. 13,17, 14,23, 18,4, 20,24 (das ae. Verb *cemban* behält sein *e*: *cemed* E.E. 60,26); *lambe, lambes*, ae. *lamb* R.F. 34,24, 106,11.

e.

ae.	Chaucer.	Urkunden.	Caxton.	Shakspere.
e; ié; ie, ausser vor *ht; éo*, doch nicht vor *ht*, nicht als Uml. von *i; an. e; fz. e.*	*e.* Selten *harwede, tarien, warien*; *i* neben *e* bei Palatalen; *worth, world, wors* u. *wers, werst.*	*e.* *warkis*; *i* wie bei *Chaucer*; *worth, world, worst*; *pany.*	*e.* Oft *a* vor *r*. *i* wie bei *Chaucer*; *worth, world, worse* u. *wers, worst; chorle.*	*e.* *a* neben *e* vor *r*. *i* wie *ne*; *o* für *e* nach *w* wie *ne.*

r-Modifikationen finden sich bei *Chaucer* nur ausnahmsweise und nur bei Umlaut-*e*, in den Urkk. und bei *Skelton* (*Schöneberg* S. 7, 8) auch schon bei ursprünglichem *e*. Doch muss die Aussprache zur Zeit *Caxton's* eine sehr unsichere gewesen sein, denn wir finden nicht nur die alten *e*- neben den *a*-Formen, sondern es begegnet *e* vor *r* sogar da, wo nur *a* historisch berechtigt ist: *Mertinet* R.F. 22,16 neben *Martinet* R.F. 22,10. Auch *perfyghtly*, afz. *parfit* R.F. 62,20 mag so entstanden und erst dann mit dem lat. *perfectus* in Verbindung gebracht sein; daneben blieb *parfit* Bl.E. 179,4. *Tyndale* hat noch beide Formen (*Sopp* S. 9 und 10).

Dasselbe Schwanken zwischen *e* und *a* (*ea*) zeigen noch *Tyndale* (*Sopp* S. 9), *Surrey* (*Salge* S. 4), *Ascham* (*Wille* S. 18, 19) und *Shakspere* (*Lummert* S. 5, 6, 12, *Würzner* S. 5, 6). Letzterer bietet folgende Abweichungen vom *ne*: *harbenger, herbenger; marvele, mervaile; starve, sterve; clerke, clarke, clearke; desert, desart; errand, arrant; herald, harrold; merchant, marchant; mercatante, marcatant; perilous, parlous; sterling, starling; paraquito, periquito; marmaides;* (nur *sergeant*).

Im *ne.* ist die Schreibung mit *a* in manchen Wörtern auch da wieder aufgegeben, wo die Aussprache blieb: *clerk, sergeant.*

Noch jetzt haben wir *person* neben *parson*, und schwankende Aussprache in Wörtern wie *Derby, university.*

Belege bei *Caxton* in geschlossener Silbe: *barne*, ae. *bere-ern* R.F. 20,30, 21,25, 28,28; *smarte, smarted*, ae. *smeort* R.F. 82,16, 84,21, 95,10, 106,27, 108,18, daneben *smerted* R.F. 106,3; *warre*, afz. *werre*, z. B. R.F. 58,4, M.A. 35,4, 36,6, E.E. 11,22, 45,28, doch auch *werre* M.A. 35,27, E.E. 44,24; *partrych*, afz. *perdrix* R.F. 49,23, 99,26, 109,2. ae. *ceorl* erscheint in drei Formen: als *kerles* Bl.E. 173,13, 16, F.S.A. 480,12, als *carles* F.S.A. 478,10 und mit verschobenem Accent als *chorles* R.F. 38,13, 82,41, 96,1.

In offener Silbe: *mare*, ae. *miere, merihe, mere* R.F. 62,3; *tarye*, ae. *tergan*, z. B. R.F. 12,30, 14,15; *quarel*, afz. *querele* R.F. 103,7, F.S.A. 272,10, *quarellouse* E.E. 80,9; *paryl*, fz. *peril*

R.F. 31,₂₇, 49,₁₈, 77,₂₂, 116,₁₅, *parlous* B.C. 173, *parell* B.C. 193, Bl.E. 49,₁₁, 98,₇, *pareyll* E.E. 38,₂₀, 148,₂₄, daneben *peryl, perell,* z. B. R.F. 56,₁, Bl.E. 182,₄₀ und *perylous* R.F. 98,₅. Stets *persone, fer, ferther, derke, herte, sterres, merueyl* u. s. w.

Bei Palatalen wird *e* häufig zu i.

ae. g + *ié.* Sobald an Stelle des *y* ein *g* erscheint, tritt auch gerne für *e* ein *i* ein (siehe *g*). *ae. giefan* ergiebt streng phonetisch gesondert *yeue* oder *giue* mit einer einzigen Ausnahme: *geuen* R.F. 9,₆. Beisp. für *gyue* B.C. 63, R.F. 17,₁, E.E. 11,₂₅; *yeue* R.F. 9,₆, M.A. 38,₁₁. *gyue* ist häufiger als *yeue.* — Einmal steht für *ae. gief, gif* noch *yef* B.C. 218, sonst immer *yf*. Chaucer hat *yeuen* u. *yiuen, yit, yif, if;* die Urkk. *yeve* u. *yive, yit, yef, yif, yf.*

ynke, afz. *enque* E.E. 2,₁, F.S.A 210,₁₀; *pilgrym, pylgremage,* afz. *pelerin, pelerinage* R.F. 46,₅, ₁₁, ₁₄ u. s. w.; *lycourous,* afz. *lecheor, lecheur* R.F. 34,₁₈, vielleicht hat hier auch *ae. liccian* gewirkt; *scryppe,* isl. *skreppe* R.F. 45,₇.

Schon *ae.* kommt *i* vor in *siex, ae. siex, six* R.F. 10,₃ u. s. w. (aber *sexte,* lat. *sexta* R.F. 10,₁₅) und *betwixe, betwixt, ae. betweox, betwihs, betwix* (Sievers § 83, Anm. 2) M.A. 37,₂₇, 45,₅, E.E. 57,₁₆. Chaucer hat *six;* Urkk. *six, sixte* und *sexte, Inglond* u. *Englond.*

Lateinisches *i* begegnet in *promyse, promysed,* afz. *promesse.* lat. *promissa,* z. B. R.F. 14,₄, 87,₁₆; *mynstralcye,* afz. *menestrel,* lat. *ministerialis* R.F. 113,₂; *required,* afz. *requerir,* lat. *requirere* B.C. 141, 358, E.E. 12,₁₄.

Auf der *ae.* Nebenform *silf* beruht das seltene *sylf* R.F. 118,₂; *hersilfe* E.E. 60,₂₅; sonst *self*.

Durch *w* verdumpfte Formen sind: *worth, worthy, worship, ae. weorðscipe,* z. B. R.F. 3,₂₇; *world, ae. weorold,* z. B. R.F. 23,₉; neben *werse, werst, ae. wiers, wierst* B.C. 292, R.F. 25,₆, M.A. 46,₃₁ auch *worse, worst* R.F. 31,₂₂, 50,₃, 74,₆. — Stets bewahrt ist das *e* noch in *ae. sweord, weorc, wiercan,* z. B. B.C. 23, R.F. 72,₁₅, E.E. 3,₂₄.

Tyndale (Sopp S. 15) schwankt zwischen *wermen* und *wormes,* Surrey (Salge S. 30) schreibt *wurkes*.

s u s t e r, ae. sweostor, swustor, swystor R.F. 7,₂₈, 23,₂₆, 70,₂₉, 79,₂₇, 112,₁₀, E.E. 6,₃, daneben *syster* aus *an. systir* M.A. 38,₅. Chaucer hat *sister,* selten *soster* und *suster;* Urkk. *suster,* selten *sister*.

Analogie. *hate, ae. hete* ist nach *ae. hatian, hata* neu gebildet R.F. 37,₁₀, so auch in den Urkk.; *ae. þencan* erscheint gleich dem impersonellen *mé þynced* stets als *thynke* z. B. R.F. 11,₂₁; *birthe, ae. beorð* hat den Vokal aus *ae. gebyrd* R.F. 16,₂₉, 38,₅, 43,₂₉, 71,₁₉, 91,₄; der *ae.* Komparativ *leng* kommt vor als *lenger* R.F. 16,₂₉, E.E. 47,₂₄, aber auch als *longer,* nach dem Positiv *long* R.F. 11,₂; *somös,* afz. *semonce* entspricht dem Verb *somoner* M.A. 35,₁₆.

i.

ae.	Chaucer.	Urkunden.	Caxton.	Shakspere.
i; fz. i; an. i.	i. suche u. swiche; wil u. wol.	i. Oefters e; suche, swiche, syche, wil, wele, wolle, wulle.	i. e oft vor Dentalen und v; suche; wil, ausnahmsw. woll.	i. Oefters e; suche.
y.	e. Nicht so oft i, selten u.	i. Seltener e und u.	i. Selten e und u.	i. e und u wie ae.
ie, i, y (éa), éo, vor ie, i, ў, éo, ê ht.	i.	i.	i.	i.
éo, io als u-Uml. von i.	i.	i. hens, cleped, seluer u. siluer, seth u. sith.	i. hens.	i. hence.

1. ae. i.
e für i lässt sich in unten angeführten Fällen durch vorausgehendes w, wr (Morsbach S. 63) nicht erklären; es scheint vielmehr der folgende Konsonant diese Erscheinung hervorzurufen (Anz. z. Zs. f. d. Alt. XIII, 97 ff.).

Für i kann in der Tonsilbe e eintreten vor:

Urkk.	t, d, th, s	v	l	ch	k				
Caxton	»	»		»		f	m		
Tyndale	»	»	»					n	r
Ascham	»	»							»
Shakspere	»	»							

also vor dentalen Geräuschlauten, vor Halbvokalen und v und k. Diese selben Konsonanten sind es auch, welche die Herabstimmung von y zu e und von u zu o bewirken. Ausgesprochene Tendenz ist die Herabstimmung vor Dentalen und v in offener Silbe. (Vgl. S. 7, 8 und 16).

e steht für i

a) vor t-Lauten und v in offener Silbe in tete, ae. tit R.F. 34,₂₂; wete, ae. witan R.F. 5,₂₀, 72,₁₉, 98,₇, aber wite, wyte R.F. 55,₂₄, unwetyngly R.F. 64,₃₀; smeton, smeten, ae. Ptz. und Pl. Prt. von smitan R.F. 14,₂₂, 27,₂₅, smyten R.F. 86,₂₄, 105,₂₄, 107,₂; wreten, wreton, ae. Ptz. Prt. von writan R.F. 4,₁, 10,₁₅, 39,₂₅, 51,₉, ₁₇, 62,₉, ₂₄, 63,₄, 65,₁₃, 66,₂₆, 73,₂₈, 81,₂₃, 84,₂₅, 120,₁, E·E. 2,₁₃, wryton, writen, wrytyng, wryte B.C. 360, 518, R.F. 62,₁₉, ₂₂, M.A. 40,₂₄, E.E. 2,₁₄; threty, ae. þrittig Bl.E. 71,₂₇; theder, thedyr, ae. þider, þyder, z. B. R.F. 15,₃₀, 21,₃, 23,₃₀, weniger oft thyder, z. B. R.F. 5,₁₄, 21,₃, 26,₁₇; hether, hetherto, hetherward, ae. hider, hider R.F. 20,₁, 62,₁₃, 68,₃, 71,₁₂, ₂₁, 110,₂₈, 112,₄, hyther ist seltener, z. B. R.F. 100,₂₁; wheder, whether, ae.

— 14 —

hwider, hwæder *M.A.* 219,15, 297,11, meistens aber *whyder, whyther, whydder,* z. B. *M.A.* 378,10, 384,15, 702,22; *shreuen, ae. Pts. Prt.* von *scrifan R.F.* 61,29, *shryuen R.F.* 1,25, 25,28, 29, 61,22.

b) Vor *m* und *k* in offener Silbe: *byneme, ae. niman R.F.* 103,24; *chekyns, ae. cicen R.F.* 78,15.

c) Nach dem Verbum gebildet ist *yeftes, ae. gift R.F.* 70,20, *M.A.* 45,2, 4, 5, *E.E.* 41,21, 112,26; *gyfte F.S.A.* 246,12. Ueber *blessing* vergl. *ē. Stex E.E.* 13,29 neben *Styge E.E.* 103,14 ist wohl nur unberechtigte Schreibung (wie *Mertinet*, siehe *e*), veranlasst durch das häufige Hinaufschwanken des *e* zu *i* vor Palatalen. Unbetont ist *e* in *Secyll R.F.* 7,16, 163,21, *Cicyle E.E.* 96,21; *setuacyon E.E.* 44,26.

d) Berechtigtes *e* aus wests. Nebenform haben: *weke, ae. wicu, wucu, weocu R.F.* 86,22, auch *wyke E.E.* 26,25; *senewes, ae. sinu, seonu R.F.* 45,22; *cleue, cleuyd, ae. clifian, cleofian R.F.* 94,27, 106,4; *cleues, ae. clif, cleof Bl.E.* 117,24; *sheldes, ae. scild, sceld E.E.* 162,8; *renne, rennyng, renneth, ae. rinnan, iernan, reonnan R.F.* 12,29, 38,26, 43,14, 49,15, 54,21, 89,26, 93,21, 96,26, 103,29, 26, 106,4, 107,17; *stekyng, ae. sticcian, stecan R.F.* 94,29 (vgl. Ablaut).

Die Urkk. haben *e* neben *i* in *wetyn, wedue, wreton, leue, weke, wele, nel, wheche.* Shaksp.: *thither* und *thether, hither* und *hether, whither* und *whether, cesterns, bisson* und *beesome.*

2) *ae. y.*

e steht für *y* regelmässig in *mery, meryly, ae. myrge, murge R.F.* 10,21, 11,26, 27, 14,22 u. s. w.; *besy, besyly, besely, besines, ae. bysig R.F.* 23,16, 45,12, *B.C.* 18, 135, 158, 278, 490, *F.S.A.* 408,28, 576,22, 307,4; *euyl, euyll, euil, ae. yfel,* z. B. *B.C.* 292, *R.F.* 16,1, *E.E.* 11,21; *sherte, an. skyrta R.F.* 9,4, 10,20, *F.S.A.* 49,22; *pelow ae. pyle F.S.A.* 370,22; *kendle, isl. kyndill E.E.* 87,25.

i und *e* wechseln in *ae. grynn: gryn, grynne R.F.* 21,29, 22,2, 4, 5, 17, 28, *grenne R.F.* 23,17, 26,4; *shette, shet, ae. scyttan R.F.* 12,16, 20, 15,6, 64,25, 109,22, *F.S.A.* 72,21, *shitte, shit F.S.A.* 312,16, 335,25; *kechyn, ae. cycene F.S.A.* 235,15, *kychen R.F.* 113,20. — *ae. dyde* ergiebt regelrecht *dyde;* das seltenere *dede* ist schon früh *me.* Neubildung aus dem Substantiv. Nebentonig steht *i* in *westmynster E.E.* 2,12, *westmestre R.F.* 120,9. *Berye* siehe unten.

u begegnet für *y* bei *Caxton* nur da, wo es phonetisch durch vorausgehende Labialis zu erklären ist: *burye, buryed, ae. byrigan R.F.* 11,19, 39,40, 71,1, *E.E.* 13,2; *burthen, ae. byrden R.F.* 118,26; *bules, ae. byle, bÿle R.F.* 86,22; *further, ae. fyrderian R.F.* 71,9, 99,4, 115,12, 119,3; *luste ae. lystan* mag nach dem Substantiv *lust* und dem davon abgeleiteten Adjektiv *lusty* (*M.A.* 37,21, 28) gebildet sein: *R.F.* 16,28, 96,21.

ae. mycel, und *byrig, burg* ergeben fast immer *moche* und *burgh, borugh* (siehe unter *u*), doch findet sich noch *mykyl B.C.* 136, 193, 227, *M.A.* 37,2, *Bl.E.* 71,9, 693,12 und *berye B.C.* 366.

Chaucer hat *i, y* für *y,* in *kyn, synne, wynne, thynne, kyng, kynde, mynde, fille (felle), gilt, kissen (kessen);* selten auch in *stynten, birthe, myrthe, list (lest).* Mit *u* schreibt er *thurst, burden, -bury,* selten auch *mury, skulle, tullen, muche.*

Die Urkk. schreiben *e* für *y* in *pelewes, euel, kechyn*; *u* in *-bury*; *i* und *e* in *mynd, dyde*; *i* und *u* in *lust, kisse*; *i, e* und *u* in *fylle, first, byried, chirche, stired*; *i, e* und *o* in *Westmynstre*; *i, e, o* und *u* in *moche.*
Über *wil, woll*, vgl. Verb.
a e. *wiht, gewiht* hat neben regelmässigem *i* (*wyght* R.F. 23,₃₁) auch nach dem Verb *wegan* den Diphthong entwickelt: *weyght, weyghty* R.F. 83,₃₄, 112,₇. Urkk.: *wighte* und *weygt*, Shaksp. *waight*. — *plyte* B.C. 444 findet sich schon bei *Chaucer*.

O.

ae.	Chaucer.	Urkunden.	Caxton.	Shakspere.
o; eó; an. o; fz. o.	*o.* dull.	*o.* *sholde* u. *shulde.*	*o.* *u* manchmal bei Labialen; *scolde, shuld, shoulde; sholder*, einmal *shulder.*	*o.* *u* wie *ne.* *shold, shuld, should; shoulder; wold* u. *would.*

Unter Einfluss der Labialis wird oft *o* zu *u* in *murdre, murdered, murthered, murderer, murderare* R.F. 6,₂₂, 11,₁₂, ₂₇, 35,₂₀, ₂₄, 40,₂, 54,₂₀, 69,₁₅, 71,₂₇, 74,₂₉, 76,₁₅, 89,₂₅, ₂₆, 93,₂₂, 94,₁₄, 95,₂₂, 118,₂₀, daneben *morderer* R.F. 47,₂₇, 55,₁₁, 56,₁₀, 59,₁₄, 102,₁, ₁₇, 105,₄; *furryd*, afz. *forre, fuere* R.F. 73,₁₄; *buttokkis*, afz. *bot* und engl. *-ock* R.F. 114,₁; *stuff*, afz. *estoffer* R.F. 56,₂₂, 107,₅, M.A. 35,₂₁.
Dagegen kann *put*, ae. *potian* R.F. 15,₈ gälisches *u* haben; sicher nicht hieher gehört *clucked*, ae. *cloccan*, das dänischem *klukke* entspricht: R.F. 10,₂₂.
o, u, ou vor gedecktem *l*: *sholder, sholdres*, ae. *sculdor, sceoldor.* z. B. R.F. 47,₂₃, M.A. 45,₆, E.E. 1,₁₁, ausnahmsweise *shulders* Bl.E. 52,₂₃; ae. *sceolde* ergiebt *sholde, shoulde, shulde* R.F. 3,₁₇, 31,₂₂, 6,₂₀.
afz. *o* vor *r* erscheint, wie schon im Französischen, oft als *ou* in *tourne, fourme, ourne* und *court*; vgl. a. Ähnlich *corage* und *courage* E.E. 43,₁₆, 44,₁₆.
Über *oo, oe* in ae. *hol* vgl. S. 7.
an. *a* begegnet in *haled*, ae. *holian, geholian* R.F. 45,₂₁, ₂₄.

U.

ae.	Chaucer.	Urkunden.	Caxton.	Shakspere.
u; fz. u; an. u.		*u* (im Anlaut *v*).	Oft *o* vor Nasalis und *v*.	

o für *u* (vgl. *e* für *i*).
1. Vor Nasal und *v* steht immer *o* in: *wonder, longes, London, monke, woned, wonte, forslongen, wonnen, begonne, sone, sonne, a sondre, comen, some, somwhat, nonnes, reconnyngnesse, ronnen, conning, vnbonde, dombe, donge, plompe, thondre, sonken, wrongen, aboue, loue, louyde.*

Ausnahmen:

a) Im Anlaut bleibt *u* (z. B. *vnder* R.F. 3,22). Fängt das Wort mit *h + u* an, so kommt *o* und *u* vor: *hunter, hunte, hunted*, ae. *hunta, huntian*, R.F. 10,24, 12,7, 50,19, 53,29, 85,40, 87,12, 17, 21, 26, 29, 105,21; *honter, hontyng* R.F. 86,2, 87,41, 92,16; *hundred, hondred*, ae. *hundred* R.F. 82,29, 85,2, M.A. 44,20, 21; *hony*, ae. *hunig*, z. B. R.F. 1,19, 13,17, 20, 22; *hunger, hungry*, ae. *hungur, hungrig* R.F. 42,27, 55,23, 24, 62,4, 88,17, 101,26, F.S.A. 433,16, *hongre, hongred, hongryd, hongry* R.F. 68,22, 69,4, 75,27, 24, 76,16, 28, 77,9, 40, 91,28, 97,7, 29, 22, 24, 99,12, 27, 100,9, 101,20, E.E. 82,28, F.S.A. 115,14.

b) Im Falle der Dehnung steht *ou*: *hound, wound, round, ground, pound, bounden; fond* neben *founde*, cf. S. 7 und Ablaut.

c) Ausserdem schwanken zwischen *o* und *u*: *tunge*, ae. *tunge* B.C. 165, 350, 406, 408, 475, *tonge* B.C. 89, R.F. 55,21; *gunnes*, gälisch *gunna* R.F. 59,9, *gonnes* R.F. 58,9.

2. Von den andern sub *i* zusammengestellten Konsonanten, vor Dentalen, Halbvokalen und *k* ist die Herabstimmung zu *o* wenigstens als Tendenz nachzuweisen: *wode, woode*, ae. *wudu* R.F. 12,6, 34,19, 38,20, 41,19, 84,27, 29, 85,20, 21; *roddy*, ae. *rudig* E.E. 112,20; *wormes*, ae. *wurm* R.F. 69,20, 100,24; *wolf*, ae. *wulf* R.F. 1,6, sonst aber *wulf*, z. B. R.F. 2,9, 10, 18.

Auf Nebenformen können beruhen: *dore*, ae. *dor, duru* R.F. 27,16, 22, 54,22, 64,25, M.A. 36,21; *sporis, spouris*, ae. *spora, spura* R.F. 86,6, Bl.E. 18,2, 26,41; *knocke*, ae. *cnucian*, später auch *cnocian* B.C. 74; *doke, dokys*, nord. *docka* R.F. 60,24, 104,20, 21, 26; *bokettys*, ae. *buc*, gäl. *boc* R.F. 96,28, 27, 97,1.

Über *moche, mykyl*, vgl. *i*.

Mehrere Formen haben ae. *furdor, fordor; burh, buruh; þurh, þuruh: furthur* M.A. 47,4, *forthur, forthon* R.F. 27,25, 28,22, Bl.E. 31,5, F.S.A. 446,1, *ferther*, Analogie nach *fer*, ae. *feor* R.F. 27,28, 47,20, 48,9; *burgh* R.F. 60,18, 119,7, M.A. 46,2, *borugh* R.F. 23,14, 39,20, 54,21, *berye* B.C. 366; *thurgh* R.F. 8,10, M.A. 44,19, seltener *thorugh, thorough, thorowe, thorou* R.F. 75,16, 81,26, M.A. 37,18, 235,16, E.E. 6,19. In *burh* und *þurh* tritt also das *o* nur in offener Silbe ein. Chaucer schreibt *thorow, thorwgh*, die Urkk. *thurgh, thorough, thorugh*, Shaksp. *through, trough, trogh, throgh*.

Hinzu kommt noch *robbed*, kelt. *rub* F.S.A. 371,1, 399,20.

Neben *cut*, kelt. *cut* findet sich selten *cyt* Bl.E. 85,20, F.S.A. 267,22, 350,1.

Auch *Shakspere* schwankt noch vielfach zwischen *o* und *u*: *summer, sommer; sunday, sonday; tumble, tomble; burrough, borough; ronne; dronken*.

Dehnung fand statt in *mourned*, ae. *murnan* M.A. 37,25.

Lange Vokale.

ē.

ae.	Chaucer.	Urkunden.	Caxton.	Shakspere.
ė; ėo; ie; fz. ėė, ie, ue.	e, ee (ėė). Vereinzelt i.	e, ee. Manchmal i, ie.	e, ee. Oft ie. i.	e, ee. Oft ie, i, ei, ausnahmsweise ea.
ǣ; ėa; eá; fz. ėė u. Monophthongierungen und Kontraktionen aus ai, ei.	e, ee (ėė). everich, eche.	e, ee. Einmal heale; vor r selten a, ai, y.	e, eʏ. Selten ea; vor r auch ai, ae; euerych, eche.	e, ee. Schwankend ea; vor r auch ai; ech.

1. **i, y, ie, ye für geschlossenes ė.**
Chaucer: tithes, sik, siknesse, fil.
Urkk.: hier, hielden, bien und byn, nyxte, fryndes, prist, sike, siknesse, tythes, vyle, betwyn.
Caxton:
a. Germanische Wörter.
   α. ie, ye steht in siede, syedyng, ae. séodan, slodan R.F. 30,₂₄, 114,₁₁, ₂₅; diere, ae. déor, dfor R.F. 18,₁; hier, hycre, hierby, hierof, hieron, ae. hèr R.F. 4,₁, 6,₄, ₂₅, ₂₁, 7,₁₁, 8,₁₇, 9,₂₄, 10,₂₅, 11,₁₉, 12,₂₄, 13,₂₇, 16,₁₁, 20,₂₃, 31,₂₁, ₂₅, 32,₄, 34,₂₀, 36,₂₄, 37,₂₇, ₂₅, 39,₁ 41,₁₀, 44,₁₂, 48,₂₄, 51,₁₉, 55,₁₉, 63,₂₄, 74,₃, 77,₁₀, ₁₂, 80,₁, 88,₂₀, 89,₂₂, 100,₂₅, daneben here, z. B. R.F. 6,₂₅; friende, friendly, friendship, ae. fréond, friond R.F. 13,₁₂, ₂₅, 14,₅, 60,₁₅, öfter noch frendes, frendly, z. B. R.F. 3,₅, ₂₁, 60,₁₅; lyef, ae. léof, ltof R.F. 13,₁₁, ₂₁, 22,₂₅, 50,₂₄, 59,₃, 63,₂₀, ₂₅, lyeuest R.F. 46,₄, lieuer E.E. 28,₁, 36,₂₂ neben häufigerem leuer, z. B. R.F. 46,₂₀, 51,₁. Unter éo vor h und éo vor w sind Belege gegeben für thie, ae. þéoh, þio; nyewe, ae. néowe, nýwe; tryewe, ae. tréowe, trýwe.
   β. i, y steht in sykenes, sike, ae. séoc, sioc R.F. 82,₁₃, 83,₁₇, ₁₉, F.S.A. 458,₅, daneben seke, sekenes R.F. 82,₂₁, ₂₃, ₂₄, 90,₇, ₁₃, ₂₃, F.S.A. 498,₂₀; hyre, ae. héran, hýran B.C. 143; styre, ae. stéran, styran B.C. 9, sonst stere, z. B. R.F. 45,₃, M.A. 40,₂₃; hynge, ae. héng, Prt. von hón, R.F. 39,₂₅, 47,₇, 100,₁₅; fill, befylle, mysfylle, ae. féoll, Prt. von feallan, R.F. 22,₂₅, 23,₁₂, 27,₁₁, ₁₉, ₂₀, 37,₁₂, 50,₂₅, 55,₂₄, 58,₂₅, 62,₂₀, 66,₁₆, 69,₃, 106,₂₀, 107,₂₂, M.A. 39,₂₅, E.E. 6,₂₇, felle, befel MA. 35,₁, 36,₃, 38,₉, 39,₁₁; wysshe, Prt. von ae. wascan F.S.A. 38,₈, 336,₁₉, sonst weeshe, vgl. Ablaut; chicke aus der ae. Form céoce, céce (nicht céuce, vgl. ten Brink § 25) E.E. 104,₃, 112,₂₀, chekes F.S.A. 426,₂₃.
b. Französisches ie.
   α. Aus lat. ě in offener Silbe: fyers, fiersly, afz. fiers R.F. 80,₁₁, 81,₂₀, 106,₂₃, M.A. 46,₁₈, ₂₀, E.E. 54,₂₁, Bl.E. 52,₂₄; besiege, afz. siege R.F. 24,₁₉, 50,₃, 58,₁₀; briefly, afz. brief B.C. 339, E.E. 22,₂₀; piece, afz. piece E.E. 14,₁₅; bienewrous, fz. bien E.E. 25,₁₇.
   β. Aus lat. a nach palatalen Konsonanten: chief, meschief, myschief, kerchieuis, afz. chief R.F. 64,₂₄, 104,₉, 114,₂₂, 116,₁, B.C. 135, chyuetayn M.A. 45,₂₅, aber auch

3

myscheue, mischeef, myscheffe B.C. 291, E.E. 94,₈₁, 99,₂₂, F.S.A. 404,₂₈; achieue, achieuement, afz. achiever R.F. 19,₃₅, EE. 1,₂,₁₅; chyere, chier, afz. chiere R.F. 20.₁₉,₁₉, 21,₃₇, 112,₂₃, aber chere R.F. 45,₂₆, 46,₁₉, 52,₂₈, 59,₁₉, 66,₅, 70,₉₈, B.C. 31, 32, M.A. 35,₁₉, E.E. 7,₃₁; rhierte, fz. cherté R.F. 75,₁; gryef, afz. gref, grief R.F. 72,₁₉, 82,₂₁, greef F.S.A. 236,₂₁.

γ. Aus lat. a vor r: appiere, appyeren, lat. apparere E.E. 49,₁₁, Bl.E. 187,₂₁; pyere, lat. parem Bl.E. 147,₃₀. Vgl. Behrens S. 83.

Dazu biere, anglonorm. biere (nicht ae. bǽr) R.F. 9,₁₅,₂₁,₂₂, 10,₃₉.

Diese Schreibung mit ie findet sich bereits seit dem 13. Jahrhundert in England (Ellis, E.E.P. S. 104, 260, 262) und mag wesentlich französischen Ursprungs sein (Morsbach S. 47, 60). Bei Caxton handelt es sich aber nicht um blosse Schreibung, sondern um den sprachlichen Uebergang des ẹ-Lautes in ī: bei ihm ist ie (i) ein phonetisches Zeichen, das ausnahmslos nur da eintritt, wo altes geschlossenes, dem i bereits nahe kommendes ẹ zu Grunde liegt.

Skelton, Tyndale, Surrey und Ascham verwenden wie Shakspere neben ie, y auch manchmal ea, das bei Caxton nur offenes ę bezeichnet, und daneben führen sie ein neues Zeichen für geschlossenes ẹ ein: ei (Schöneberg S. 11, Sopp S. 17, 18, Salge S. 5—15, Wille S. 23—26).

Für die Aussprache beweisend sind die bei Schöneberg S. 11 und Salge S. 16 zusammengestellten Reime: envy : glottony : charitie, seke : alike, he : flie, fre : pardie, frend : minde, hede : provide.

Wenn sich daneben in der Zeit des Ueberganges auch Reime von ie zu festem ē finden (Morsbach S. 60), so geht daraus weiter nichts hervor, als dass das schon häufig gebrauchte ie als blosses Schreibzeichen auch in solchen Wörtern vorkam, in denen der Vokal noch nicht erhöht war. Umgekehrt sprach Shakspere sicher altes ē als ī, und doch schwankt er zwischen feend, fiend, feind; theefe, thief; friend, freind, frend; held, hild; bene, beene, bin; steere, stirrage.

2. ea bezeichnet bei Caxton ausnahmslos, bei späteren Autoren wenigstens in der Regel offenes ę.

Es findet sich fast nur in französischen Wörtern:

great, ae. gréat R.F. 48,₅, 119,₄, sonst immer grete, greet. — peas, peasibly, afz. pais R.F. 17,₁₄,₁₉, 36,₁₂, 54,₂₄, 56,₉, 61,₂₀, E.E. 9,₁, daneben pees R.F. 3,₉, 7,₂, 8,₂₈, 9,₁, 10,₁₅, 53,₉, B.C. 140; feat, afz. fait R.F. 35,₃₉, 68,₁, forfeture M.A. 39,₂₈; please, dysplease, afz. plaisir, plesir R.F. 120,₂, M.A. 36,₁₃, 37,₂₃, E.E. 2,₄; plese, plesir u.s.w. B.C. 122, 126, 174, 311, 509, R.F. 9,₂₈, 14,₉, 20,₉₇; treatis, afz. traictis R.F. 120,₄, E.E. 3,₂₁, traye B.C. 512; season, afz. saison E.E. 2,₂₂,₂₃; ease, diseases, easily, afz. aise R.F. 46,₁₁, 49,₂₀, 81,₂₂, 83,₂₆, 84,₃₀, M.A. 42,₁₂, 43,₁₄, esy, esyer B.C. 525, R.F. 34,₉, deceased, afz. deces E.E. 9,₂₁; encreacynge, dyscreaseth, afz. creistre, creser EE. 2,₂₈, 4,₂₀, 11,₂₈; measure, afz. mesure R.F. 14,₂₄, mesure R.F. 14,₁₂,₂₂, 26,₂₈; seal, sealed, afz. sciel R.F. 10,₁₄; meanes, meanwhyle, afz. meien R.F. 25,₁, M.A. 35,₅,₁₀, 39,₁₂, E.E. 3,₁₉, 45,₂₄, mene, menewhylle R.F. 39,₆, 111,₄, moyne, moyan, M.A. 6,₄, 10,₂₂, 16,₁₁, *demeane* (*Behrens* S. 140), afz. *demener E.E.* 18,₂₈, 26,₉, *demene Bl.E.* 7,₂₁, *demayne Bl.E.* 21,₆.

Die andern Monophthongierungen finden sich nur mit *e*, *ee*: *reson R.F.* 8,₃₁; *treson R.F.* 18,₃₉; *egerly M.A.* 41,₃₄; *relere R.F.* 17,₁; *plee R.F.* 19,₁₇; *plete R.F.* 12,₁₆; *clere R.F.* 11,₁₇.

Schwanken zwischen *ẽ* und *ẽ* herrscht bei *Chaucer* in einer grossen Anzahl von *e*-Lauten, die auf ae. *ẽ* zurückgehen. Von den bei *ten Brink* § 25 aufgezählten Wörtern haben bei *Caxton* nur die oben angeführten *biere* und *chicke* durch die Schreibung gesichertes *éé*. In beiden Fällen liegen geschlossenem *ẽ* entsprechende Nebenformen zu Grunde: ae. *céoce* und *anglon. biere*.

3. Andere Zeichen.

fz. *u e* ergiebt durchweg *e*, doch findet sich auch noch seltenes *eo* in *people*, afz. *pueple E.E.* 1,₁₂ und *u* in *endulled*, afz. *duel, E.E.* 41,₁₅, 94,₂₆. Das *oe* in *moeue* könnte man ebenfalls für anglonorm. Schreibung halten; auf jeden Fall bezeichnet es aber den langen *o*-Laut (S. 4, 5), wie die Form *mowe B.C.* 486 u. s. w. zeigt.

Das *o* in *moeve*, *prove* stammt aus den endungsbetonten fz. Verbalformen. Sehr häufig finden sich daneben noch die regelmässigen Formen *meue*, *remeue B.C.* 3, 9, 87, 289, 444, *R.F.* 45,₈, 56,₁₆, 57,₄, 80,₁₇, 84,₃₃, *M.A.* 37,₃₅, 40,₃₃, 44,₁₁; *preue*, *repreue B.C.* 424, 446, *R.F.* 71,₁₅, 85,₄, 105,₅, *M.A.* 45,₂₂, *E.E.* 7,₄, 33,₁₉. Das Substantiv *preuve* bildet ebenfalls regelmässig *preef R.F.* 43,₂₁, 101,₂₇ und daneben nach dem Verb *proof R.F.* 102,₆.

Vor *r*. *heyre, hayr*, ae. *hǽr* s. S. 4.

Vor Palatalis. ae. *ǽlc* ergiebt *eueryche, euerychone R.F.* 15,₁₀, 43,₂₂, 54,₁₇, 56,₁₁ 73,₈, 96,₂₆, *E.E.* 6,₈, 10,₁₆, aber stets *eche*, z. B. *R.F.* 45,₁₅, *E.E.* 4,₁₉.

Kürzung: S. 8.

Analogie. *blissing M.A.* 39,₃₄ (auch Urkk. *blissed*) entspricht dem Sinne nach ae. *blétsung* (*benedictio*), der Form nach ae. *blissung* (*exultatio*), doch findet sich auch *blessyng M.A.* 39,₃₄,₃₆. ae. *bróc* hat im Gen. Sg. und Nom. u. Akk. Pl. *bréc*, danach: *brecheles B.C.* 66. ae. *bétan* bildet *boteth R.F.* 83,₁₇ nach dem Substantiv *bót*. ae. *léosan* hat die entsprechende Form *lese R.F.* 64,₁₇, 95,₂₆, 108,₂₁, *Bl.E.* 43,₁₅; meistens ist der Accent jedoch unter Einwirkung des Substantivs *los* und des schwachen *losian* umgesprungen, wie schon bei *Chaucer* und in den Urkk.: *lose, loste B.C.* 197, *R.F.* 17,₁₃, 42,₁₉, 66,₂₄, 84,₂₃, 85,₁₉, 91,₁₇, 103,₂₇, 114,₂₈, 110,₂₈, *E.E.* 12,₂₈; ähnlich *loose*, ae. *léas R.F.* 64,₁₄. *ony*, ae. *ǽnig, ánig* hat sich in Anlehnung an ae. *án* in dieser Form festgesetzt, z. B. *R.F.* 9,₂, daneben steht *eny E.E.* 45,₁₉, *Bl.E.* 53,₁₉, 178,₈, 184,₁₉, 188,₂₃, 196,₂₁, *Chaucer* hat *any*, *eny*, die Urkk. *any*, *eny*, *ony*. *most, moste, almost, almoste*, ae. *mǽst* hat den Vokal wohl aus dem Komparativ *more*, Beisp.: *R.F.* 22,₆; das bei *Chaucer* neben *moost* vorkommende *meest* ist bei *Caxton* und in den Urkk. nicht belegt. *smooth*, ae. *sméđe* leitet *Skeat* von *smáđ* her, *R.F.* 38,₂₁, 103,₁₄. *wonde* (ae. *wénan*) *F.S.A.* 143,₁₀ ist wohl ein Druckfehler.

Über *chose*, *shoowe*, *crope* siehe Ablaut; *chuse*: sub *oi*, *ui*.

Altnordisch ist *bone*, *isl. bón*, ae. *bén R.F.* 34,₅; *mosse*, *isl. mosi*, ae. *méos R.F.* 41,₂₁. *or* und *er* finden sich neben einander aus an. *ár* und ae. *ǽr*. In den ersten Werken ist *or* häufiger. Beisp. für *or: B.C.* 51, *R.F.* 16,₈, *M.A.* 37,₁₇, für *er: R.F.* 8,₁₅, *E.E.* 1,₁₄.

i.

ae.	Chaucer.	Urkunden.	Caxton.	Shakspere.
i; ŷ; i, y + g; an. i; fz. ī.	i, y. Für y auch e in feer, veese, fest; woman; byest u. beyest.	i, y. woman; bye u. beye.	i, y. Selten e, u; woman; nur bye.	i, y. woman; buy.

e steht ausnahmsweise 1) für ŷ einmal in kene, ae. Pl. cẏ Bl.E. 114,9, sonst kyen R.F. 78,16, Bl.E. 119,11;
2) für langes i je einmal in leke, ae. lic F.S.A. 574,17 und desered, afz. desirer E.E. 32,2, sonst immer like, desire.
u kommt neben y vor in ae. fȳst: fuste E.E. 107,12, fyste F.S.A. 43,18. buty, isl. bȳti F.S.A. 143,27 mag sein u aus fz. butin haben; daneben auch boty F.S.A. 374,14, dessen Vokal nach Skeat aus ae. bót stammt.
o ist durch das vorausgehende w hervorgebracht in woman, ae. wifman, wimman M.A. 35,18, E.E. 6,19; einmal findet sich auch für den Pl. women R.F. 84,14 statt des regelmässigen wymen, wymmen.
ie steht vor r (S. 4) und nach der fz. Form des 12. Jahrhunderts in liege R.F. 30,26. rauayn, praye, preyse s. unter ai, ei.

o.

ae.	Chaucer.	Urkunden.	Caxton.	Shakspere.
ó; eó; an. ó.	o, oo (óó).	o, oo. Einmal gud; moste und muste; hoyd.	o, oo, oe. pour, einmal bloud; muste.	o, oo, oe. Oft ou; muste, monday und munday.
á; angl. a (ws. ea) vor ld; fz. òò aus lat. au, lat. o in geschl. Silbe (ausser vor Nasal), lat. ō in -ōrium, -ōria.	o, oo (òò).	o, oo. sholde und shulde.	o, oo, oe. sholde, shuld, shoulde.	o, oo, oe. oa; öfters ou vor ld.

ou. Das geschlossene ō kam in der Aussprache bereits zu Caxtons Zeit dem ū sehr nahe, wie die Schreibungen poure (afz. povre, das einzige von den fz. Wörtern, das sicher geschlossenes ō hat, vgl. ten Brink § 72) R.F. 23,11, F.S.A. 270,19 und bloud (ae. blód) F.S.A. 66,18 beweisen. Das entsprechende Zeichen ou kam indes auch später bei Skelton, Surrey, Tyndale und Ascham nur selten zur Verwendung; selbst Shakspere schreibt noch häufig o, oo für ne. ou.

Einen ganz anderen Laut stellt jenes *ou* dar, das sich aus *o* und bei *Ascham* und *Shakspere* auch aus *ea* vor *ld* entwickelte in *ould, could, tould* u. s. w. Es bezeichnet langes *o* mit dem Nachklange eines *u*, das sich vor *l* einschob (*Schoeneberg* S. 17, *Salge* S. 23, *Sopp* S. 25, 28, *Wille* S. 41, 42, 44, *Lummert* S. 23, 25, 26).

oa, das Zeichen für *òò*, wird von *Caxton* und *Skelton* nicht verwendet, *Tyndale*, *Surrey* und *Ascham* haben es selten und auch *Shakspere* lässt noch gerne *o* oder *oo* dafür eintreten (*Salge* S. 24, *Sopp* S. 27, *Wille* S. 41, *Lummert* S. 21, 24, 25).

ea vor *ld*. *Chaucer* hat ausnahmsweise *helde*, *bihelde*; *Caxton's elders* kommt von dem Komparativ *elder*, ae. *ieldra R.F.* 96,15.

Kürzung. *Chaucer: clad, gattoothed, axe*; Urkunden: *halwen, hallowed, axed, aldermen*; *Caxton*: s. S. 8.

Analogiebildungen nach den Verben *hēdan, swǣtan* und *lǣfan, lȳfan* sind *heede*, ae. *hōd R.F.* 102,22, *swete*, ae. *swāt R.F.* 12,20, *leeuys, liuys*, ae. *láf R.F.* 13,6, 24,22. *tresour*, afz. *tresor R.F.* 36,29 hat die Endung der zahlreichen Substantive auf lat. *-ōrem* angenommen. *wá lá wá* ist durch Volksetymologie zu *weleaway* geworden *R.F.* 9,26, 35,22. *wednesday*. ae. *Wōdnes dæg R.F.* 68,26.

Über 3. Sg. Prt. *bleef* und *grepe* s. Ablaut.

u.

ae.	Chaucer.	Urkunden.	Caxton.	Shakspere.
ú.	*ow, ou*.	*ow, ou*.	*ow*, selten *ou*. Vereinzelt *uy, u*.	*ow, ou*, selten *oo*. *droup* und *droop, houting* und *hoots*.
fz. *ou* aus lat. *ū, ō*, lat. *ŏ* vor Nasal.	*ou, ow*.	*o, u*.	*ou*, selten *ow*. *o, u, ew*.	*ou, ow*. *o, u*.

Germ. *ú* erscheint in niederländischen Wörtern des *R.F.* manchmal als *uy*, besonders in Eigennamen. Für dieses *uy* (wie für fz. *ui*) findet sich manchmal auch *u* (vgl. S. 5): *Bruyn R.F.* 1,17, 12,24, 13,19,25,26, 16,22, 17,2,4,27, 18,13,29, 26,1 u. s. w., daneben *Brune R.F.* 11,29,24,26, 12,8, *Brunne R.F.* 12,1 und *Brownynp R.F.* 12,15; *Maleperduys*, z. B. *R.F.* 3,22, 12,10; *Byteluys R.F.* 79,14; *huylen*, altniederl. *huilen R.F.* 78,13.

Auf niederl. *ruim* mögen auch die Formen *ruymed R.F.* 61,4 und *rume R.F.* 71,25 beruhen. Daneben kommen vor *roume, rowme* aus ae. *rúm, rúmian Bl.E.* 165,7, *F.S.A.* 79,19, 245,9 und die ne. Form *room, romed R.F.* 31,13, 71,27, die ähnlich wie *great, break, broad, wrath* den offeneren Laut wegen des vorausgehenden *r* angenommen hat.

Kürzungen. *Chaucer: us, but, buxon*; Urkk.: *us, but, unboxhum, utward (outward)*; *Caxton*: S. 8; *Shakspere* wie *ne*., doch *huswife* neben *housewife*.

Für fz. *ou* steht im Normannischen durchweg *u*, doch auch noch *o* und seit dem 12. Jahrhundert in anglonormannischen Texten *ou*. Bei *Caxton* ist *ou* Regel. *o* und *u* finden sich neben gelegentlichem *ou*.

1. Für altes *u* in *culpe*, afz. *coulpe* E.E. 28,13, *coulpable* E.E. 89,16; *justes*, afz. *jouster* M.A. 41,3, 7, 9, 21, *joustyny* M.A. 41,16; *doblet*, afz. *double* B.C. 474, *double* M.A. 46,2; *prononce*, fz. *prononcer* R.F. 65,3, 12; *souerayn*, afz. *souverain* R.F. 115,10, 116,1, E.E. 4,21; *couetyse*, afz. *coviter* R.F. 117,34; *gouernance*, afz. *gouverner* B.C. 523, R.F. 105,9, *gouuernour* R.F. 37,30. *torne*, *retorned*, *torney*, afz. *tourner* und ae. direkt entlehntes *turnian* (vgl. *Behrens* S. 114). E.E. 35,27, M.A. 41,3 *tournement*, *tourneye* M.A. 41,7, 8.

    Hieher gehört auch ein Wort germanischen Ursprungs: *soper, sopped*, afz. *souper* F.S.A. 92,15, 17, *souper, souped* F.S.A. 87,3, 551,23.

2. Für altes ō: *persone*, fz. *personne* B.C. 418, E.E. 13,21; *renomid*, afz. *renom* B.C. 367, R.F. 85,7; *proffyt, profite*, fz. *profit* R.F. 86,21, 115,10, M.A. 36,20, sonst *prouffyt, prouffytable*, z. B. B.C 427, E.E. 10,2; *coronacyon*, lat. *coronatio* M.A. 44,1, 23, aber stets *crowne; purpos, purpoos*, afz. *pourpos* R.F. 64,18, Bl.E. 55,22.

3. Für ō vor Nasal: *dongeon*, afz. *donjon* F.S.A. 23,22, *doungeon* F.S.A. 96,4; *contre*, afz. *contree*, z. B. R.F. 117,35, *countreyes* M.A. 44,11 u. s. w., *concelith*, afz. *conseil* B.C. 147, sonst *counceille, counseyl*, z. B. B.C. 298; *conforte, comforte*, afz. *conforter* R.F. 48,24, 25, 66,2; *cosyn*, afz. *cousin* R.F. 14,18, 20,28, 21,21, 25,25; *costume*, afz. *costume* E.E. 86,17, *custume* E.E. 47,7, F.S.A. 480,12. Vgl. Präfix *con*.

4. anglonorm. *furme, urne* (*Behrens* S. 114) sind stets mit *ou* geschrieben, z. B. *fourme* E.E. 11,7, *adourned* E.E. 14,25; aber *curt* hat neben häufigerem *court, Courtoys* auch *u* in *curtoys* B.C. 162, *Book of Curtesye* u. s. w.

a f z. *a* vor *m* und *n* ist erhalten in (lat. *dominus* u. s. w.) *dan, damp, damoysell, dameseyle, damesel* B.C. 365, E.E. 127,17, 128,4, Bl.E. 39,3, 43,22, 47,4, 143,8, 22, F.S.A. 199,22, 201,19.

Diphthonge.
ai, ei.

ae.	Chaucer.	Urkunden.	Caxton.	Shakspere.
e, æ + g; ea + ht; an. ei.	ai, ei. Für ea + ht auch au.	ai, ei.	ai, ei. Je einmal *sade* u. *saeng*. *weiker* u. *wekest*.	ai, ei. *saile* und *sale*. *weak*.
fz. ai, ei.	ai, ei.		ai, ei. Selten *a*; einmal *wyage*.	ai, ei. *a* manchmal vor *l* u. *n*.

Statt *ai, ei* kann überall *ay, ey* eintreten.

Für *ea + ht* steht bei *Caxton* immer *ey, ay* in *streyghte, strayt,* ae. *streaht R.F.* 5,₁₈, 9,₃₃, aber einmal *au* in *faught*, 3. *Sg. Prt.* von *ae. feohtan F.S.A.* 299,₃₁. Doch liegt hier möglicherweise ein Druckfehler vor, da sonst der Singular stets wie der Plural *fought* lautet. *slaughter E.E.* 8,₁₃ kommt von *an.* *slahtr (*Brate*, Beiträge X, S. 75).

a steht für *ai, ei*

1. nur zweimal in einem germanischen Worte: *sade* 3. *Sg. Prt.* und *saeng, Pts. Prs.* von *ae. sergan R.F.* 41,₁₉, *F.S.A.* 297,₂₄ und
2. öfter in fz. Wörtern, vielleicht unter Einwirkung der lat. Formen: *chare*, fz. *chaire E.E.* 126,₃₁; *mastresse*, afz. *maistresse E.E.* 46,₂₃, 99,₃, sonst *maister, meister*; *malle*, afz. *mail R.F.* 16,₁₆.

wekest, aus *an. weikr R.F.* 64,₂₄ neben *weyker R.F.* 102,₁₅ erklärt sich durch Einfluss des Verbs *wǣcan*.

wyage, afz. *veiage E.E.* 70,₂.

again hat noch die *ae.* Doppelformen: 1) *agayn, ae. ongægn*, z. B. *R.F.* 2,₁₉, *E.E.* 2,₃, 2) *ageyne, ageynst, ae. ongegn*, z. B. *M.A.* 35,₄,₃₁ und 3) *ayen, ayenst, ae. ongên*, z. B. *M.A.* 44,₁₃, *E.E.* 9,₁₁. Ähnlich *forsede* aus *forsǣde* in Urkk.

afz. *regne* hat neben *reyne, reygne R.F.* 117,₂₃, *E.E.* 125,₁₀ auch noch *regne* (auf der letzten Seite des *Mirrour*) und *regne Bl.E.* 140,₁₅.

Monophthongierungen aus fz. *ai* zu *ea, ee* s. S. 18 und 19; fz. *oi* aus älterem *ei sub oi, ui*; Endung-*arie*: unbetonte Vokale; *Pts. Prt. lyen, seen*: Ablaut.

ei, i.

ae.	Chaucer.	Urkunden.	Caxton.	Shakspere.
ê, êo, îe, ǣ, êa + g, h; an. ǣ + j.	*i, ei.*	*i, ei.* *neither* und *nether*.	*i, ei.* *neither, nether*, selten *nother*.	*i, ei.*

Nur *ei, ai* ist belegt in *kaye, ae. cǣg B.C.* 406; *eyren, ae. ǣg E.E.* 2,₁₆, 3,₂ u. s. w. neben *an. eggys* (s. Substantiv); *laye, ae. lǣgon*, z. B. *R.F.* 6,₂.

ae. twëgen, twegen und *fǣger, fæger* sind zu *e, æ + g* gestellt.

Nur *i* (*ie*) steht in *thie, ae. þéoh, þéo E.E.* 8,₂₂.

i und *ei* wechseln in *leye, ae. léogan R.F.* 7,₂₆, *lye R.F.* 11,₂₁; *neyghbour*, von *ae. néah, nêh R.F.* 15,₂₇, *E.E.* 5,₂₈, *nigh, nyhe R.F.* 15,₂₇, 18,₂₄, 23,₁₆, 32,₂₂, 55,₆, 100,₃₀, 120,₆; *eye, ae. éage B.C.* 507, *R.F.* 16,₉,₇, 17,₁₇, 22,₂₈, 23,₂₈, *E.E.* 58,₃, *ye R.F.* 74,₄; *heye, heyly, ae. héah R.F.* 116,₁₀,₂₆, *hie, hyely, hyenes R.F.* 8,₂₂, 12,₇, 115,₂₁, 117,₁₂, *E.E.* 3,₂₃, *F.S.A.* 62,4; *deye, an. dœyja R.F.* 17,₁₇, *E.E.* 28,₂₁, *F.S.A.* 61,₁₉ u. s. w., *dye* ist seltener: *B.C.* 394, *E.E.* 10,₁₆.

— 24 —

neyther und *nether* von ae. *ǣgðer* (und *ǣðer*) sind beide häufig. Beisp. für *neyther* B.C. 521, R.F. 55,₂₄, M.A. 35,₁₈, für *nether, ether* R.F. 15,₄, F.S.A. 451,₂₄. *nother* steht z. B. Bl.E. 52,₁₀.

    ae. *þéah* erscheint in einer *au*- und einer *ou*-Form; erstere weist auf ae. gekürztes *ea*, letztere auf an. *þôh* (*Brate*, Beiträge X, S. 60). *thaugh, thawh* steht z. B. R.F. 43,₂, 51,₂₁, 53,₅,₆, *though, thowgh, thowh* R.F. 18,₁₀, 23,₁₉, 30,₆₂, M.A. 39,₁₅, 46,₁₂ u. s. w. Die Urkk. haben auch *theigh*.

    ae. *séon* und *fléon* haben nach den Formen mit berechtigtem *e, ee* überall *see, flee* u. s. w. gebildet. Mit *fléon* ist dann wieder *fléogan* verwechselt: *fleeyng, fleyng, fleeth* R.F. 19,₃₇, 69,₁₇,₂₅, F.S.A. 232,₂₆.

    ae. *ǣhwǣr, ǎhwǣr* hat sich nach der zweiten Form zu *ouwher* entwickelt, z. B. R.F. 34,₂₂. Über Sg. Prt. *flough, flewh* und Pl. Prt. *sawe* vgl. Ablaut.

au.

ae.	Chaucer.	Urkunden.	Caxton.	Shakspere.
a, ea + g, w, h; *ǣ + ht; an. au;* fz. *au.*	*aw, au.* Für *ea + h* auch *ei, i.*	*aw, au.*	*aw, au.*	*aw, au.*
fz. *a* vor gedecktem Nasal und *l.*	*au (aw), a.*		*au (aw), a.*	*au (aw), a.*

In unbetonter Silbe schwankt an. *vindauga* zu *windowe* R.F. 85,₁₀, 109,₂₂ und an. *félage* zu *felowe* B.C. 219, R.F. 39,₁₉; daneben *felaws* R.F. 28,₂₅, 30,₃₀, 31,₃.

    fz. *a* vor gedecktem *l* kommt in allen französisch überlieferten Formen vor als *al, a (ae), aul* und *au*: afz. *realme, reaume* erscheint als *realme* M.A. 39,₂₅, *royalme* E.E. 11,₁₀,₂₅,₂₄, *reame* M.A. 40,₂,₇,₁₂, 43,₁, 45,₂₅, *royame* M.A. 11,₂, E.E. 45,₁₂, *reaume* M.A. 45,₂, *royaume* M.A. 160,₅; afz. *bealteit*: *beaulte* E.E. 11,₁₇, *beaute* R.F. 83,₁₇, 98,₂₆, E.E. 7,₁₆; *aulter*, afz. *alter*, M.A. 41,₂₁, 43,₂₄, *awter* R.F. 47,₂, 74,₂₁, E.E. 47,₉; *ribadously*, afz. *ribald* R.F. 96,₁; *magre*, afz. *maugre* E.E. 108,₇; *chaffed*, fz. *chauffer* E.E. 52,₄; *assaulte*, afz. *assalt* E.E. 8,₂; immer *saue*, afz. *sauver* R.F. 10,₂₄, 33,₁₉, 46,₂₅, 54,₁₀, 66,₁₁; *saefte* (s. S. 4) R.F. 55,₁₂.

    Ebenso wechselt fz. nasaliertes *a* vor *mb, ng, nc, nd* und *nt* in demselben Worte: *penance* R.F. 10,₁₉, *penaunce* R.F. 28,₁₁. Über Schreibungen wie *penāce* vgl. Abkürzungen.

ou.

ae.	Chaucer.	Urkunden.	Caxton.	Shakspere.
o, u, ó, ú + g, w, ht; ǎ + g, w.	*ou, ow.*	*ou, ow.* *sowle* u. *saule.*	*ou, ow.* *swone* u. *swoune.*	*ou, ow.* *sole* u. *sowl.*
ǎ + ht.	*au,* selten *ou.*	*ou.*	*ou.*	*ou.*

2) Für fz. *eu* in *ensiewe*, afz. *sevre*, *suivir* E.E. 15,₄, *ensiwed* E.E. 15,₁₈, *pursiwe* E.E. 14,₄; aber *sewe* B.C. 504.
3) Für fz. *ui* nur in unbetonter Silbe: *saufcondyt*, afz. *conduite*, Bl.E. 90,₂₁.

ui ist belegt

1) für fz. *ui* in *bruyt*, fz. *bruire* E.E. 41,₂₁, Bl.E. 59,₂₂; *duytes*, *conduytte*, afz. *conduite* E.E. 51,₂₁, 54,₄, F.S.A. 150,₆; *fuyte*, fz. *fuite* E.E. 31,₆; *quiras*, afz. *cuirace* F.S.A. 241,₂₂;
2) für *u* einmal in *Puylle*, *Apulia* E.E. 147,₁.

Das spätere fz. *eu* (aus *ou*) ist herübergenommen in *neueu*, *neuewe*, fz. *neveu* R.F. 15,₆, 25,₆, 28,₉, 37,₁, daneben findet sich auch *neue* R.F. 13,₂₄, 20,₂₀; *preu*, fz. *preux* E.E. 40,₁₇, 44,₁₇, 118,₆, *pru* s. oben.
strawe, ae. *stréaw* steht R.F. 30,₁₆, 40,₂₇, 41,₉, 61,₁, 74,₄.
ieopardye, afz. *ieu parti* R.F. 27,₂₈, *ieopardye*, *ieoparde* R.F. 23,₁₅, 25,₂₆, 35,₂₆, 61,₁₈, E.E. 33,₁₆.

oi, ui.

afz.	Chaucer.	Caxton.	Shakspere.
oi, ui aus lat. *au*, *ŏ*, *ŭ* + *i*, lat. *ŏ* + *i* vor Nasal und *l*.	*oi*. *queinte*.	*oi*. Selten *u*, *ui*; *crosse*; *queinte*.	*oi*. *crosse*; *queint*, *quaint*.
oi aus älterem *ei*.	*oi*.	*oi*.	*oi*.

u, *ui* findet sich in *fuson*, afz. *foison* Bl.E. 96,₆; *recule*, *recuel*, afz. *coillir* E.E. 40,₁₁, 66,₂₀, *recuyell* E.E. 39,₂₀. Auch das im me. häufige *chuse* wird nicht auf ae. *céosan*, sondern fz. *choisir* zurückgehen: Bl.E. 48,₉, 64,₆, 55,₂, F.S.A. 112,₂₂. Es könnte das *u* freilich auch südliche Schreibung für *u* ie erhöhtes *éé* sein; vgl. *sturris*, *sulfe* u. s. w. auf S. 17 von *Owl and Nightingale* (Nölle).

crosse, afz. *crois*, beruht auf *an. kross* oder *picard. cros*, z. B. R.F. 15,₂₄.
queintly, afz. *coint*, anglon. auch *queint* E.E. 40,₆.
jewel, *iewellis*, afz. *joiel* ist unter Anlehnung an fz. *ju*, *jeu* entstanden, R.F. 41,₂₂, ₂₅, 80,₂₅, EE. 12,₉.

Das spätere *oi* aus älterem *ei* ist besonders häufig in E.E. herübergenommen: *proye*, afz. *preie* R.F. 12,₁₇; *havoir*, afz. *aveir* E.E. 14,₁₃, 26,₂₄, 27,₁₃, *behavoir* E.E. 6,₃; *devoir*, afz. *deveir* E.E. 15,₁, 38,₁₇; *royame*, *royalme*, afz. *realme* M.A. 11,₂, 160,₅, E.E. 11,₁₉, ₂₅, ₂₄, 45,₁₆ neben *realme*; *moyne*, *moyan*, afz. *meien* M.A. 6,₄, 10,₂₂, 16,₁₁ neben *mene*, *meane*.

Über *ui*, *ew*, *oi*, *o*, *e* in *anguysshous*, *bienevorous*, *damoysell* vgl. unbetonte Vokale.

b) In unbetonter Stellung.

1. In unbetonter Wortstellung.

Endsilben.

(Geordnet nach den Konsonanten, die unmittelbar auf den Vokal folgen.)

1. Germanische.

ae. -lic: -ly, z. B. in *wisely, costly, costely* R.F. 103,₁₉, 40,₁₇, 41,₂₅. *Chaucer* und Urkk. haben neben -ly auch -lich(e).

ae. -hád: -hede in *falshede, womanhede, wysehede* R.F. 117,₂₅, 68,₂₉, B.C. 506.

ae. -ig: -y in *very, myghty, hony* R.F. 17,₁₅, 25,₉, 30,₂₅.

isl. -leikr: -leche in *knowleche* R.F. 9,₁₇. Urkk.: -lech, lege.

ae. -el: -el, -il, -yl, -ul in *candel, euil, lytyl, appul* R.F. 22,₂₅, 16,₆, 19,₂₆, F.S.A. 222,₃, 442,₁₁.

ae. -ful: -ful in *doubteful* R.F. 75,₁₄.

ae. -dóm: -dom, -dome in *fredom, wysedom, wysedome* R.F. 67,₁, 115,₈, E.E. 11,₁₇. Urkk.: einmal -dam.

ae. -sum: -som in *fulsom, holsom* B.C. 257, 116,₂₁.

ae. -en: -en, -on -yn in *London, Londen, evyn* R.F. 62,₁₃, M.A. 39,₂₅, F.S.A. 500,₁₂.

ae. -end(e): -and(e), -ynd in *erande, thousand, connynd* R.F. 20,₂₄, 63,₅, B.C. 498.

ae. -ung, -ing: -yng(e), -ing(e), -eng(e) in *lesyngis, yonglyngis, prayeng* R.F. 48,₂₃, 110,₁₃, 120,₄. *Chaucer* ing(e), Urkk. auch eng(e).

ae. -scipe: -ship, -shyp in *frendshyp, worship* R.F. 44,₆, 44,₉.

ae. -ére: -ar, -are, -er in *myllar, scoler, murderare* R.F. 6,₂₀, 117,₂₇, 71,₂₂. *Chaucer* hat -ere.

ae. -or, -ur, -er: -er, -re, seltener bleibt -or in *nyckers, gleyners, gleynors, hongre, fader, fadre, aftre* B.C. 413, 422, R.F. 76,₂₅, 77,₉, 100,₂₁, E.E. 46,₂₂.

ae. -lǽs, -léas: -les, -less in *neuertheless, recheles* B.C. 477, R.F. 113,₂₈. *Chaucer*: -lees.

ae. -mæsse, -messe (und frz. -esse): esse in *allmesse, richesse* R.F. 28,₂₄, 35,₁₆,₁₇.

ae. -es: -es, -is in *elles, ellis* R.F. 58,₂₅, 59,₁₃.

ae. -ness: -nes, -nesse in *heuynesse, forgyfnes* R.F. 52,₂₆, 106,₂₀.

ae. wis: -wys, dafür eingetreten auch -eous (vgl. lat. ōsus) in *rightwys, righteously* M.A. 40,₁₃, 39,₂₇.

ae. -isc: -issh(e), -yssh, -essh in *folisshe, shrewessh* R.F. 23,₃₀, 65,₇. *Chaucer* und Urkk.: -yssh.

ae. -ost: -est in *ernestly* R.F. 19,₇.

ae. -að: eth in *moneth* F.S.A. 359,₂₄.

Über Flexionsvokale vgl. Teil II.

2. Romanische.
afz. -lege: -lage, -lege in pryuelages, preuilegis R.F. 115,s, 53,17.
afz. -al, -el (lat. -alis): -al, -el, -alle, -elle in lyberal, perpetuall, continuelle E.E. 44,7,20, 47,27.
afz. -ele (lat. -ella): -el, -elle, -eyle in damesel Bl.E. 143,s, damoysell, dameseyle Bl.E. 143,22.
afz. -eil(e): -eyl, -aylle, -ell, conseyl, counsell, meruaylle R.F. 31,15, 63,15, E.E. 9,1.
afz. -il: -il, -yl, -ell in paryl, parell B.C. 193, R.F. 31,17.
afz. -ume: -ume, -om(e) in costume, custom B.C. 164, E.E. 86,17.
afz. -ende: -ande in prouande R.F. 60,25.
afz. -ment: -ment in maundements R.F. 5,14.
afz. -ion (lat. -ionem): -ion, -yon, -onn, correccion, correctyon R.F. 30,24, E.E. 4,20; reputaconn R.F. 74,12; compasconn R.F. 114,19; extorconns R.F. 114,25, daneben (R.F. 114,30) extorcions u. s. w. Chaucer hat -ioun.
afz. -un: -yn, -en, -on in comynly, comenly, comonly B.C. 5, R.F. 5,8, 118,20.
afz. -aire, anglonorm. -arie: -arye, -ary in contrarye, contrary, secretarye R.F. 37,11, 52,15, 116,14. Chaucer hat auch -aire.
afz. -ier(e) -er: -er, selten -ar, -yer in singuler, lyttar, lytier R.F. 91,11, 61,1, M.A. 39,16.
afz. -ir: -ir in playsir R.F. 52,13.
afz. -oir (-eir): -our, -ore, -er in trenchour, trencher, endeuore B.C. 269, 272, R.F. 93,21.
afz. -or, -ur, -eur (lat. -orem): -our, seltener -ar, -er in detractour, oratours B.C. 167, E.E. 4,10; dcceyuer und deceyuar R.F. 28,3, 30,2, 30,5. Dazu durch Suffix-Vertauschung souldyour Bl.E. 38,15.
afz. -ois, -eis: -ois, -eys in harnoys, harneys, courtoisly, vncurteysly B.C. 284, R.F. 48,10, 92,24, E.E. 7,1.
afz. -os, -eus (lat. -osus): -ous in pytous, pyteous, einmal pyteuous R.F. 58,20, 56,2, 108,6.
afz. -ate: -et in skarlet R.F. 64,40.
afz. -e, lat. -atem: -e in pyte, cite R.F. 4,16, E.E. 5,8.
afz. -ee, lat. -ata: -ey, -ee, -e, -y in countrey, contree, contre, country, journey R.F. 117,25, M.A. 44,11, E.E. 5,17, 6,16.
afz. -u: -u, -ue in vertu, vertue B.C. 361, R.F. 85,6.

Vorsilben.
(Alphabetisch geordnet.)

1. Germanische.
ae. æt-: a in ado, a werke F.S.A. 60,16.
ae. on- wird zu a-, an- und e- geschwächt oder fällt auch ganz ab. agayn R.F. 2,19; ahighe, an heygth E.E. 62,16, F.S.A. 200,10; einmal aagayn R.F. 80,22; emonge R.F. 6,24; waye R.F. 85,11; geynst E.E. 161,20.

— 29 —

ae. be-: be-, bi- in behoueth, by fore R.F. 31,₈₁, 67,₈₁. Für ge- steht by- in byleue schon früh me.

ae. for-: for- in forsake R.F. 46,₈₀.

ae. ge-: y-, fällt aber meistens ab in ynough, y stranglyd R.F. 6,₁₇, 22,₆. Vgl. Flexion.

ae. tō-: to-, selten belegt in tobroken R.F. 67,₁₇, tobeten R.F. 26,₆, tohewen E.E. 162,₈, toborsten F.S.A. 79,₁₁, 478,₁₈.

2. Romanische.

afz. a-, lat ad-: a-, selten ad in aourned E.E. 15,₈, adourned E.E. 14,₁₅; auyse R.F. 23,₁₆, aduys R.F. 11,₂₂. lat a- ist abgefallen in Puylle, Apulia E.E. 147,₁ und postle, apostolus F.S.A. 272,₆.

lat co-, con-: co-, con-, coun-, conn- in cosyn, conclude, counseyl, comforte B.C. 298, R.F. 24,₁₄, 25,₂₅, 66,₉.

afz. des-, lat dis-: dis- in dissease R.F. 84,₃₀; einmal scomfyte M.A. 146,₁₈.

afz. de-: dy- in dylection E.E. 44,₂₂.

afz. e-. Das im Französischen dem st, sp vorgesetzte e fällt meistens ab, bleibt aber auch als e oder a, z. B. in estate R.F. 43,₂₉, 80,₁₄ und astate E.E. 124,₈, Bl.E. 52,₁₆; espyed R.F. 48,₈₁ und aspyed R.F. 39,₂₀. Auch sonst fällt e manchmal ab: pystles E.E. 3,₃₅ neben epystlys E.E. 4,₆.

afz. en-, lat in-: en-, selten a- in encombryd R.F. 77,₂₉, acombryd R.F. 77,₇. Hierber auch ententif und enfemynate B.C. 490, 499.

afz. entre-, lat inter-: enter- inter- in enterrupte B.C. 275, interrupte E.E. 49,₂₃.

afz. op-: op-, einmal ap- in apposite E.E. 46,₇.

afz. mes-, mis- (dazu ae. mis-): mis-, mes- in myscheuide, meschief B.C. 291, R.F. 114,₂₉.

afz. per-, par-: par- in pardurable E.E. 59,₂₂.

afz. por-, lat pro-: por-, pro- in porueyd, proferre E.E. 21,₂₅, 134,₁₉.

afz. sou-, su-, so-, lat sub-: sub-, so- in subdued E.E. 10,₁₈; auch subcombe E.E. 35,₃₄, 81,₇; socours E.E. 43,₂₂.

Zwischensilben.

Der Vokal der Zwischensilben ist meistens schon früh zu e geschwächt oder auch ganz ausgefallen (edefyed, norture); doch herrscht hier grosses Schwanken. So findet sich z. B. für e ein i in Aristotiles R.F. 78,₁₉; für i sowohl e als i in pilgremage, pilgrimage R.F. 46,₂₄, 45,₁₅; für o ein e neben o in folowed, folewed; für oi: oy, o, e in damoysell Bl.E. 39,₃, 43,₂₂, E.E. 127,₁₇, 128,₄, damoselles Bl.E. 74,₄, damesel, dameseyle Bl.E. 143,₃,₂₃. Französische Diphthonge sind ferner bewahrt in anguysshous E.E. 25,₁₅, sangwynous E.E. 103,₂₅ und bienewrous E.E. 25,₁₇.

2. In unbetonter Satzstellung.

Die kurze Form haben durch ihre unbetonte Stellung im Satze schon bei Chaucer und in den Urkk.: as, not, or, nor. Für nor steht bei Caxton sogar ner und ne: man ner wyf, nyght ner day R.F. 41,₂₂, 43,₃₀; so grete ne so lytyl, nether — ne R.F. 54,₁₆, 38,₈.

the, to, ne und he verlieren oft ihren Vokal und werden mit dem folgenden Worte zusammengeschrieben: thende, thauenture, thystorye, thonour, thoast R.F. 16,₃₀, 61,₁₉, 4,₁,

83,₂₂, 84,₂₁, 85,₁₂, 74,₂₂, *E.E.* 1,₁₄, 5,₂₂; *tanswere, tabyde, taddresse, teschewe, tauenge, tempesshe, taccomplysshe,* z. B. *B.C.* 90, *R.F.* 19,₇, *E.E.* 4,₁; *nys, nylle, nylt, nold, nyst (ne wyst)* *M.A.* 39,₂₆, 45,₃₇, 127,₆, 219,₃₅, 538,₄, 748,₂₀, 641,₁₇, 705,₂₁, 729,₁₂, 677,₂; *his (he is) R.F.* 23,₂₄. Sogar *toalke (to walke)* und *thramme (the ramme) R.F.* 20,₂₀, 48,₇.

In Bezug auf die Schreibung all dieser unbetonten Vokale herrscht grosse Unsicherheit bis auf *Shakspere* herab (*Lummert,* S. 31 ff.); auch *Caxton* hat sie in keiner Weise zu regeln versucht.

II. Konsonanten.

Labialreihe.

p.

ae. p.; afz. *p.*

Eingeschoben ist *p* wie bei *Chaucer* nach *m* in *empty, ae. æmtig, emtig R.F.* 76,₂₅, *solempnelle,* afz. *solempne E.E.* 60,₅ und *dampnable,* afz. *dampner E.E.* 44,₄.

Die Media erscheint in *Jubyter B.C.* 371, 385, *E.E.* 6,₁₂, ₁₅, 11,₄; doch *Jupiter E.E.* 59,₁₅.

b.

ae. b.; afz. *b.*

Über inlautendes *bb* vgl. schwaches Verb.

Nach *m* ist *b* eingetreten in *thombe, ae. þuma R.F.* 49,₃₅, aber abgefallen unter Einfluss des schwachen *climmian* in *clamme, ae. climban R.F.* 87,₂₅. *doubteth, doubtous* wie afz. *B.C.* 515, *E.E.* 64,₉, 11,₂₄.

Chaucer: thombe, slomber; Shakspere schwankt zwischen *limbes* und *lims, clymbe* und *clime.*

f, v.

ae. f.; afz. *f* und *v.*

Zwischen zwei Vokalen oder einem Vokal und *l* (meist auch *r*) wird *v,* in allen andern Fällen *f* geschrieben. Ausnahmen sind selten, finden sich ausserdem auch bei *Chaucer* und in den Urkk. und sind deshalb nicht als neue Entlehnungen aus dem Kentischen anzusehen: *valdore, ae. faldore R.F.* 27,₁₂,₂₂; *vlycche, ae. flicce R.F.* 8,₂, sonst *falle, flycche R.F.* 27,₂₀, 8,₇; *my selfe, herselfe, wulfis, gafe R.F.* 96,₃₁, *E.E.* 3,₃₂, 5,₃₂, 99,₃₁.

Geschwunden ist *f* bereits bei *Chaucer* in *lorde, lady, heed, woman, wymen, had.*

Auch in gelehrten Wörtern hat *Caxton f* (*Fenyce, Phoenice E.E.* 23,₃₅), während *Shakspere* gelegentlich *ph* selbst in germ. Wörtern schreibt.

w.

ae. w; gutturales *g* im Inl.; afz. *u* in der Verbindung *qu.*

Im Anlaut bleibt *w,* auch wenn ein Konsonant vorhergeht; im In- und Auslaut wird es vokalisiert: *soule, straw.*

hw wird zu *wh* (*Shakspere* auch *h*) und *cw* zu *qu.* Neben *answer, answerd* schreibt *Caxton* auch *ansuere, ansuerd R.F.* 46,₂₄, 59,₃₃, *M.A.* 38,₁₂.

Ausgefallen ist *w* in *so, also, suche, suster*. Chaucer und die Urkunden haben noch *swiche* neben *suche*; Shakspere lässt auch wohl zwischen Konsonant und dunklem Vokal das *w* weg: *swoop* und *soop*, *swoon* und *sound*, *sward* und *sord*.
woyage, fz. *voyage* E.E. 70,₂ ist wohl Druckfehler.

m.
ae. m; afz. m.

Neben *ae. from* wird auch *an. frá* gebraucht: *from deth, fro the kinge* R.F. 3,₄,₂₁. Nach ten Brink § 104 steht bei Chaucer *from* nur vor Vokalen und *h, fro* vor Konsonanten.
Agamenon E.E. 11,₂, ₉; *primu(m)* E.E. 10,₁₉.

Dentalreihe.
t.
ae. t; afz. t.

d tritt für *t* ein in *prowd, proudly, pryde*, ae. *prút, prýte*, wie schon bei Chaucer, z. B. R.F. 11,₂₅, 44,₁₆, 78,₁₉,₂₀, doch findet sich einmal im Original von B.C. 492 noch *pryte*; *anuylde*, ae. *anfilte* M.A. 40,₂₁,₂₄; *ieopardye*, afz. *jeu parti* R.F. 23,₁₅, 25,₂₆ und *ieoparde* R.F. 35,₂₃.

Ausfall des *t*: *blosme*, ae. *blostma* R.F. 80,₂₃; *ado*, ae. *æt do* M.A. 36,₁₆; einmal *nygg* für *nygt* M.A. 37,₂₀; *Monplier* R.F. 21,₁₂; *secree*, afz. *secret* B.C. 134, doch auch *secretly* B.C. 200.

Angetreten ist *t* in *fesaunts*, afz. *faisan*, R.F. 99,₂₆; *lystes*, afz. *lisse, lice* R.F. 102,₂. Immer haben wir ferner das *t* schon in *amongst, whilst*, oft in *ayenst, ageynst*, z. B. R.F. 3,₁₇, M.A. 35,₄, aber noch nicht in *myddys* R.F. 97,₂₇. *feche, fetche* s. sub c.

Die Urkunden schreiben für *t* auch *th* in *tho* und *whythe*; Shaksp. setzt *th* bezw. *d* für *t* ein in *gamoth, Sathan, portendous*, er lässt es ausfallen in *cursie* und in der 2. Sg. Prs. der Verben auf *t*, fügt es aber oft nach *n* an (Lummert S. 54).

d.
ae. d; afz. d.

d ist zu *t* geworden in *abbot*, ae. *abbod* nach fz. *abet* R.F. 18,₁₀; *ratte*, ae. *rad* R.F. 12,₂₀; einmal, wohl verdruckt, in *glat*, ae. *glæd* R.F. 103,₁₆ neben häufigem *glad*; *Reynart* R.F. 8,₃₀, *Reynard*, z. B. R.F. 5,₁₅; *Grymbert, Grymbart* R.F. 24,₁, ₂, *Grymberd* R.F. 24,₁₀; *Kywart* R.F. 48,₁₉, *Kyward* R.F. 48,₇; *plete*, afz. *plaider* R.F. 12,₁₉; *partrych*, afz. *perdrix* R.F. 109,₂. Chaucer: *bretful, abbot*; Urkk. *abbot*; auch Shaksp. hat oft noch *errant* und *reverent*. Über das *t* der synkopierten Verben vgl. Flexion.

Das *ne. th* in *father, mother, together* hat Caxton noch nicht, aber *hyther, hetherward* und *whyther* R.F. 13,₆, 20,₁, M.A. 219,₁₅, 384,₁₅ sind bereits häufiger als *hyder* und *whyder* M.A. 41,₂₆, 297,₂₁, 378,₁₀. *hither* kommt schon bei Chaucer und ae. vor; in *whyther, whyder* ist das ae. Adv. *hwæder* mit dem Pron. *hwæder* vermengt. Je einmal steht *thanketh* und *mathe* für *thanked* und *made* R.F. 116,₉, F.S.A. 90,₁₉. Tyndale hat noch *father* neben *fader* u. s. w. (Sopp S. 34, 35); Shakspere wie ne.

Abgefallen ist *d* gelegentlich vor *s* und nach *n* in *answerd* und *gospel* wie schon bei

Chaucer, *R.F.* 8,₄, *B.C.* 503, *R.F.* 73,₂₂; bei *Caxton* ferner in *hansele*, ae. *hand* + *sellan* *R.F.* 104,₂₅; einmal in *frenship* *F.S.A.* 83,₁₁, in *graunfadre*, afz. *grand* + ae. *fader* *R.F.* 74,₁₈ und *granmodre* *E.E.* 57,₃₁. *abye*, ae. *abyegan* erscheint noch ohne *d*: *R.F.* 30,₂₂, 40,₂₂, 53,₁₂, 96,₃, *F.S.A.* 38,₆. *Shaksp.*: *an*, *and*; *hansome*, *handsome*; *woodbine*, *woodbined*.

Zwischen *n* und *r* ist *d* eingeschoben wie bei *Chaucer* in *thondre*, ae. *þunor* *R.F.* 82,₆, 58,₁₀. *Shaksp.*: *kindred*, *swoond*, *viled*.

th.
ae. *þ*, *d*.

ae. *þ*, *ð* wird schon bei *Chaucer* und in den Urkk. mehr durch *th* als durch *þ* und *y* wiedergegeben; *Caxton* wendet die beiden letzten Zeichen nur in den Abkürzungen *þ*ᵗ, *þ*ᵉ und *y*ᵉ an.

d ist für *th* bei *Chaucer* nur eingetreten in *burden*, *mordere* und manchmal in *coude*; in den Urkk. und bei *Caxton* öfter: immer *coude*, *quod*, ae. *cwæd*, z. B. *R.F.* 16,₄, 21,₁₅,₁₇,₂₁; *siede*, ae. *seodan* *R.F.* 30,₃₄, 114,₁₁,₂₂; *cladde*, ae. *cládian* *R.F.* 64,₃₀; oft *murdre*, ae. *mordor* (nur einmal *murthred* *R.F.* 35,₂₈) und selten sogar *broder*, *bredren* *F.S.A.* 36,₄, 43,₂₀, 99,₂₅, 533,₃₀. Je einmal findet sich die 3. Sg. *Prs.* *skathed* und *restid* *R.F.* 8,₂₈, 93,₃₁.

th ist schon in *Chaucers* Sprache zu *t* geworden in *thefte*, ae. *þeofð* *R.F.* 10,₁₀ und durchweg ist auch in *atte* das *th* dem vorhergehenden *t* assimiliert; daneben schreibt *Caxton* auch *at the* *R.F.* 58,₆, *att the*, *atte the* *M.A.* 408,₉, *Bl.E.* 62,₂₉.

Ausgefallen ist *th* in *worship*, ae. *weordscipe* *R.F.* 3,₂₇, 8,₁₈, 11,₁₀. ae. *siððan* ergiebt *sith* *R.F.* 10,₂₁, *Bl.E.* 180,₆ und seltener *syn* *M.A.* 44,₅, *Bl.E.* 15,₃.

welthe, ae. *wela* ist Weiterbildung nach *trouth*, *health*; dagegen hat *faith* anglon. *th* für loses *d* im Auslaut. *R.F.* 49,₂₀, 42,₁₇, 48,₃₀, *M.A.* 38,₁₈.

s.

ae. *s*; afz. *s*; afz. *z*; afz. *c* aus lat. *c* vor *e* und *i*, bzw. lat. *ce*, *ci*, *te*, *ti* vor Vokal.

Nur für ae. *s* und afz. *s*, sofern letzteres nicht inlautend vor Konsonannten steht, ist die Schreibung mit *s* durchaus Regel; dagegen herrscht betreffs jedes andern fz. und lat. *s*, *ss*, *c*, *t* und *z* bis herab zu *Shakspere* grosses Schwanken.

sc und *t* sind selten: *scilence*, *scilent* *B.C.* 83, 140, 204; *dyscrescion* *R.F.* 73,₁₃; *excersite*, *excersis* *B.C.* 309, *E.E.* 81,₃₀, *Bl.E.* 197,₇; *correctyon* *E.E.* 4,₁₉. Das besonders im Kentischen gebräuchliche *z* für stimmhaftes *s* ist gerade bei *Caxton* am spärlichsten vertreten: *cytezen* *E.E.* 10,₁₀ mit etymologisch nicht berechtigtem *z* neben *Cytezeyn* (auf der letzten Seite des *Mirrour*).

Das adverbielle *s* ist durchaus sicher in *hens*, *thens* und *middys* *R.F.* 25,₉, 27,₁₄, 97,₂₇; doch findet sich neben *alwayes*, *algates*, *frowardes*, *vnnethis* *M.A.* 34,₁, 44,₁₅, *R.F.* 39,₂₁, 83,₉ auch *alway*, *algate*, *toward*, *afterward*, *vnneth* und immer ohne *s* erscheint noch *syn* (neben *syth*) *B.C.* 91, 293, *R.F.* 47,₉, 63,₂₄, 110,₆, *M.A.* 44,₅. Ausnahmsweise kommt sogar *togyders* vor *M.A.* 41,₄, 47,₂. *Agods* (ach Gott) *R.F.* 25,₁₉ hat genitivisches *s* mit Ellipse.

sh.

ae. sc; afz. ss aus lat. sc vor e, i, bezw. lat. sci, sti vor Vokal.

Im In- und Auslaut ist der Konsonant durchweg gedehnt und wird dann durch das schon *Chaucer* geläufige, *ssh* dargestellt: *fissh, bysshop, punisshed* R.F. 26,19, 46,24 u. s. w. *sh* steht in diesen Fällen bei *Caxton* selten (*bushe, frenshe* R.F. 16,24, 62,15), bei *Tyndale* oft (*Sopp* S. 36) und regelmässig bei *Shakspere*.

Der Übergang zu *sh* ist verhindert
1. im Inlaut infolge der Metathese in *axe, aske* R.F. 69,15, 22 und
2. im Anlaut unter Einwirkung des Altnordischen (*ten Brink* § 119) in *skyn*, ae. *scinn*, an. *skinn* R.F. 10,3, 11 und *scathe*, ae. *sceada*, an. *skada* R.F. 9,21, *skathed* R.F. 8,21.

ch.

ae. palatales c; afz. ch.

Bezüglich der Schreibung herrscht Schwanken noch bei *Shakspere* (*Lummert* S. 50). Im Anlaut kommt neben *ch* selten noch *c* und *k* vor in *carles, kerles* F.S.A. 478,10, 480,13, Bl.E. 173,12, 15. Im Inlaut findet sich *ch, tch* und *cch* oft in demselben Worte, so in ae. *feccan*: *feche* R.F. 49,12, *fetche* M.A. 35,21, *fecche* B.C. 41 (ausserdem nach ae. *fetian* noch *fet, fette* F.S.A. 216,16, 477,21).

Das bei *Chaucer* und in den Urkk. gebräuchliche -*lich* ist bei *Caxton* durch das nördliche -*ly* verdrängt; auch *eueryche* ist schon selten: R.F. 15,20, E.E. 162,7. Altpikardisches *ch* (*ten Brink* § 113) hat sich ausnahmsweise in *cachier* wie fz. *ch* entwickelt: *cacche, catche* R.F. 26,4, 19, 60,22, 85,23.

dg.

ae. palatales g aus inlautendem cg, ng; afz. j, g.

In germanischen Wörtern schreiben *Chaucer* und die Urkk. *gg* und *ng*, z. B. *brigge, sengen*; bei *Caxton* ist *dg* für ae. *cg* bereits Regel. In französischen Wörtern steht in der Regel *j* vor *a, o, u* und *g* (*gg*) vor *e* und *i*, doch verwenden *Caxton* und *Shakspere* auch hier manchmal *dg*: *iuge* E.E. 111, 24, *subget* R.F. 80,2, *loggyng* B.C. 51, *lodgyng* M.A. 46,22.

l.

ae. l; afz. l.

Ausgefallen ist *l* überall in *eche, suche, whiche, as*, doch hat *Chaucer* in der Bedeutung »so« noch *also* neben *as*. Eingeschoben ist es z. B. in *growle*, niederl. *gruwen* R.F. 78,17, *daselyd*, ae. *dwæsigean* R.F. 96,4.

fz. gedecktes *l* hatte sich zu *u* aufgelöst, hielt sich aber vielfach in der Schreibung: *souldye, souldyour* neben *soudyoure* R.F. 39,11, 17, Bl.E. 38,12, 90,1. Vgl. S. 24.

n.

ae. n; afz. n.

Ausgefallen ist *n* nur in vereinzelten Fällen: *lagage* B.C. 14, *euesong* R.F. 12,16, *northeryn* (für *northern in*) M.A. 39,22. Für ae. *hyrcnian* finden sich schon me. beide Formen, *herke* und *herknen* R.F. 17,13, 55,26.

Durch Suffix- resp. Präfixvertauschung ist *n* hineingekommen in *vnwetyngly* und *ensample* R.F. 64,₁₀, 113,₁₂ (meistens *example*). Einmal kommt *Portyngale* vor: R.F. 13,₁₅. *covent* hat sich in dieser fz. Form bis *Shakspere* gehalten.

Selten *m* für *n*: *pylgrym, pilgremage,* afz. *pelerin, pelerinage* R.F. 37,₁₉, 45,₁₀,₁₄, ₂₃, ₂₄, 46,₅, ₁₄, 47,₂₂, 48,₂₄; *comfort,* afz. *conforter* R.F. 66,₉.

r.
ae. r; afz. r.

Metathese des *r* war schon bei *Chaucer,* teilweise schon *ae.* eingetreten in *byrde, ae. bridd* R.F. 19,₂₇; *wroughten, ae. worhte, wrohte* R.F. 16,₂₆; *bryght, ae. beorht, bryht* M.A. 46,₂₃; seit *Caxton* aber erst in *thirde, ae. þridda* R.F. 24,₁₆, E.E. 65,₁₂. Umgekehrt ist die *ae.* Metathese schon bei *Chaucer* aufgegeben in *bresten* und *thresshen.*

Für *r* ist *l* eingetreten in *smoldred, ae. smorian* R.F. 98,₂₁ und *marbel,* afz. *marbre* M.A. 40,₂₂ (vgl. *Behrens* S. 195).

Palatalreihe.

c, k.
ae. gutturales c; an. k; afz. *c* vor *o* und *u.*

Betreffs der Schreibung gilt schon bei *Chaucer* die Regel, dass vor *e, i* und *n* gewöhnlich *k,* vor *u* aber *q* und in allen andern Fällen *c* steht.

Französisches *qu* erscheint im Auslaut für *k* gelegentlich in *Afrique* E.E. 44,₁₄, 57,₁₀, *pudeyque* E.E. 32,₂₅, *mocque* R.F. 11,₂₆.

c vor *a* ergab fz. *ch,* nur im Pikardischen gutturales *c.* Aus normannisch-pikardischem Gebiete (*Behrens* S. 205) stammt demnach *catche* R.F. 26,₄,₁₉, 60,₂₂, 85,₂₃, 95,₂₃; *carpenter* R.F. 14,₂₅; *caytyf, keytyf* R.F. 14,₂₁, 55,₂₂, ₂₃; *escape* R.F. 95,₁₄.

g, y.
ae. g; an. und afz. Media *g.*

Das *ne.* gutturale *gu,* das nach *Sopp* S. 36 bei *Tyndale* noch vollständig fehlt, ist bei *Caxton* äusserst selten vertreten in *tongue* (nur im *Mirrour*), einmal in *guiven* F.S.A. 263,₂₁ und dann natürlich in fz. Wörtern wie *orguillous* R.F. 36,₂₁. *gh* dagegen hat wie noch bei *Shakspere* ein weiteres Gebiet als im *ne.: ghoos, ghes, ae. gôs, gês* R.F. 28,₂₀, 29,₁₃, 31,₄, 34,₂₁; *gheet, ae. gât* R.F. 34,₂₂; *ghost, ae. gâst* M.A. 39,₂₃; *plaghe,* lat. *plaga* R.F. 70,₉; einmal *ghest, ae. gæst, gest* (mit *an. g*) R.F. 22,₃.

g ist für palatales *y* (selten *i*) wohl nicht nur unter Einfluss nordenglischer oder an. Formen eingetreten. Die genaue Sonderung von *gi* und *ye* aus *wests. g + ie* und *angl. g + e* in *giefan* u. s. w., sowie von *g + ey, ay* und *y + e* in *ae. ongægn, ongên* findet sich allerdings nur bei *Caxton.* Vgl. S. 12 und 23. Ausnahmsweise steht *agen, agenst* F.S.A. 189,₁₀, 230,₁₀.

Neben häufigem, noch bei Tyndale belegtem *yate, ae. Pl. geatu* (*Morsbach* S. 97) R.F. 12,₁₃,₁₄, M.A. 39,₇, E.E. 13,₂₃, 41,₃₁ kommt auch *gate* vor, *ae. Pl. gatu* R.F. 12,₂₁, E.E. 8,₂₃, 58,₁₂.

ó + g in *swôgnen ergiebt swone, swonne, mit Ausfall des g: E.E. 6,27, F.S.A. 491,171, sonst immer swoune R.F. 23,12, 50,25, 93,12, 116,21, F.S.A. 80,11, 224,15.

Der Plural sawe, ae. sâwon, sægon erklärt sich aus dem Singular und die Präterita slewe, drewe sind nach Analogie der reduplizierenden Verben gebildet (vgl. Ablaut). Doch findet sich daneben auch slowe R.F. 34,23, drough R.F. 17,17.

eu.

ae.	Chaucer.	Urkunden.	Caxton.	Shakspere.
éo + w.	ew, eu. Oft ou.	ew. ou, u (ue).	ew, eu. ou, u (ue); ie, i.	ew, eu. ou, u (ue); sowe u. insewe.
ǽ, éa + w.	ew, eu. Auch ow, ou; straw u. stree.	ew. shewe u. shawe.	ew. slouth; strawe.	ew. sloth u. slouth, show u. shew, shrow u. shrew; strew, deaw.
fz. eu, ieu.	eu, ew. ju-, jo-, je-, jeopardie.		eu, ew. u; ie, i; jepardye u. jeopardye.	eu, ew. u (ue).
fz. u.	u, ew. Selten ou.	.	u (ue), ew. Selten ui.	u (ue) ew. ui.
fz. ui aus lat. û + i.	ui.		ui. Selten u.	ui.

ou ist 1) aus éo entstanden durch Accentverschiebung oder auch indem sich vor w ein o entwickelte (ten Brink § 49) in trouthe, ae. tréowde, z. B. B.C. 355, R.F. 21,4, M.A. 38,12; trowe, ae. tréowjan R.F.11,35, 18,12, 23,27, 24,28, 26,24, 44,25, 49,12,30, 52,16, 63,7, 76,23, 109,1, 110,10, 117,19; foure, ae. féowor R.F. 10,27, 39,23; ebenso you, ae. éow.
2) Aus ǽ in slouthe, ae. slǽwð B.C. 356 wohl unter Einwirkung des Adj. slowe.

u (ue) findet sich
1) für éo + w in true, truly, ae. tréowe R.F. 14,5,20,24, 20,14, 41,25, 63,19, 118,11, M.A. 44,2, 36,24, 38,20. Daneben steht trewe, trewly B.C. 155, R.F. 8,29, 42,29, 67,27, 69,28, 70,21, 71,29, 77,20, 80,17, 95,25,27, 115,16, 116,2,12,19; triewe s. unten.
2) Für fz. eu in rule, rulers, afz. reule R.F. 105,9, M.A. 45,2 (revle steht noch R.F. 37,21, 55,12, 87,4, 93,4, 118,21) und pru, fz. preu F.S.A. 79,20, 197,4.
3) Für fz. ui in frutes, afz. fruit F.S.A. 336,22; bruse, afz. bruiser Bl.E. 58,9.
4) Für fz. u ist u, ue Regel: recluse, armure, vertue (ew ist seltener: salewed, mewle u. s. w.).

ie, i, (vgl. S. 17) steht
1) für éo + w in triewe, tryewes R.F. 13,22, 68,20, 74,21, 78,10, 79,21, 93,19, 96,19, E.E. 90,5, 145,20 und nyewe, ae. nêowe, nywe R.F. 13,10 (daneben newe R.F. 13,8, 18,9).

w findet sich für fz. *g* aus germ. *w* ausser in *werre* noch in *waraunt*, afz. *guarant* E.E. 139,14 und *walop*, afz. *galop* Bl.E. 26,5, 42,6, 204,5.

Ausgefallen ist schon in der Sprache Chaucer's das *g* in *styrop*, ae. *stigráp* F.S.A. 197,21.

h; gh.
ae., an. und afz. *h*.

Im Anlaut fiel *h* regelmässig vor Konsonanten und wie bei *Chaucer* auch oft in *hit*.

Im In- und Auslaut wird *h* dargestellt durch *gh*, *g*, *h*, *w* und in den Urkk. und bei *Shakspere* ausnahmsweise auch durch *f*, *ff*. Im Auslaut kann es auch ganz fallen: *high*, *hye*.

Für *wh*, ae. *hw*, tritt schon in den Urkk. manchmal einfaches *w*, und umgekehrt, für *w* auch *wh* ein: *wat* R.F. 20,22, 27,33; *woo* R.F. 85,2; *were* R.F. 17,20, 40,8; *wylle* R.F. 111,4. — *whe* R.F. 10,22.

fz. *h* ist bis auf *Shakspere* herab vollständig unsicher. Es kann fehlen in *oost*, afz. *host* E.E. 91,8; *ouris*, afz. *hore* B.C. 34; *armonye*, fz. *harmonie* B.C. 380; *Elycon* B.C. 379; *aruspycyour*, *exortacion*, *enuaysshe* u. s. w., besonders bei Elision des Artikels (*thystorye*, *thonour* R.F. 4,1 u. s. f.). Angetreten ist es in *habounded*, afz. *abondance* E.E. 11,15, 18,8, 93,27; *enhaunce*, altprov. *enansar* B.C. 434, R.F. 74,21, 119,19. Noch Shakspere schreibt *abhominable*, *preheminence*.

Anhang:
Caxton's Druckweise.
Kürzungen.

1) Für den Artikel *the* steht oft *þ'* und *y'*, z. B. B.C. 71, M.A. 39,27, Bl.E. 5,10; E.E. 5,10, M.A. 41,12, F.S.A. 173,7. Im *Mirrour*: *þ*.
2) Für *that* kann *þ'* eintreten: B.C. 75, M.A. 36,27, Bl.E. 114,22. In *Siege of Jherusalem*: *þ'*.
3) *And* ist sehr häufig ersetzt durch das &-Zeichen: B.C. 17, Bl.E. 5,25, F.S.A. 68,15. In den Originaldrucken: ⁊.
4) Das *n* wird gerne durch einen Strich über dem vorhergehenden Vokal bezeichnet: *cā* = can, *mā* = man, *ayēst* = ayenst, *fraūce* = fraunce, *plēte*, *coūtre*, *indiyēt* u. s. w. M.A. 36,20, 37,20, 40,21,33, E.E. 1,6, 10,26, 12,22. *sēte his mē* = sente his men (*Siege of Jh.* S. 12).
5) Andere Kürzungen: *Jhu* = Jesus, M.A. 40,9; *Ca* = Kapitel, R.F. 1,7; *p* = per, *psone* (*Mirrour*); *p̄* = pre, *p̄sent* (*Mirrour*); *ꝑ* = pro, *progue* (*Mirrour*); für *er*: *dyu'se* (*Mirrour*), *uniu'sus* (*Infancia*). Ausserdem kommen noch speziell lateinische Kürzungen vor in der *Infancia*, z. B. qd₂ = quod, qȝ = que, q̃ = quam.

All diese Kürzungen finden sich so oft aufgelöst, dass die Qualität der einzelnen Laute mit voller Sicherheit im vorstehenden Teile bestimmt werden konnte.

Dekorative Zeichen.
1) *h* und *l* sind manchmal mit einem Querstrich versehen: *ynough*, *generall*, *alle* E.E. 1,₉,₁₂, 9,₁₉.
2) An *d* und *g* ist am Ende des Wortes oft ein Häkchen angehängt, das wie das dekorative End-*e* stehen und fehlen kann. Dasselbe ist indes doch wohl nicht einfach als *e* zu lesen (*B.C.* Einleitung S. XI), weil in Formen wie *god₊* (Gott), *and₊* und gar *qd₊*, *quod₊* (*Infancia* S. 30) ein End-*e* vollständig ausgeschlossen ist.

Bindung und Trennung
von Silben und Wörtern.

Präfixe, Pronomina, Adverbien und Hülfszeitwörter können an das dazu gehörige Wort herangerückt oder auch davon getrennt werden:
ouersee, ado, thystorye, aman, another, alityl, noman, yewold, alto, welto, somoche, bestolen für *be(n) stolen*, *shalbe* R.F. 4,₁, 17,₃₃, 21,₂₃, 24,₆, 29,₈,₃₈, 32,₁₂, 35,₁₉, 36,₁₉, 49,₃₃, 50,₈, E.E. 45,₁₂,₁₇.
y stranyled, a venge, a sondre, a goon, bi cause, in to, to gydre, no body, al redy R.F. 18,₁₄, 22,₆, 23,₁₃, 27,₇, 33,₃,₅, 37,₁₇, 42,₁₄, E.E. 1,₂₇.
Infolge der häufigen Verbindung von *an* und *other* betrachtete man das *n* des Artikels als zum folgenden Worte gehörig und schrieb auch *a nother* R.F. 94,₁₆, E.E. 2,₃₅.

Druckfehler,
die als solche in Teil I unberücksichtigt geblieben sind.

B.C. 359	steht	*hyeues*	für *hyenes*.	R.F. 69,₂₆	steht	*an*	für *on*.
R.F. 1,₁₃	»	*Chanteclex*	» *Chantecler*.	» 77,₂₃	»	*again*	» *against*.
» 16,₁₆	»	*is*	» *his*.	» 79,₃₆	»	*Rynard*	» *Reynard*.
» 19,₁	»	*Reynat*	» *Reynart*.	» 95,₁₄	»	*escape*	» *escaped*.
» 25,₁₂	»	*ynogest*	» *yongest*.	» 102,₂₀	»	*made*	» *make*.
» 27,₃₇	»	*gan*	» *can*.	» 107,₁₁	»	*baytaille*	» *bataille*.
» 28,₃₀	»	*back*	» *black*.	» 108,₂₃	»	*woundeed*	» *wounded*.
» 38,₇	»	*stynkngye*	» *stynkynge*.	» 110,₁₃	»	*he*	» *be*.
» 53,₁₇	»	*capitulv*	» *capitulo*.	» 114,₃₅	»	*wehan*	» *whan*.
» 55,₃₀	»	*hatelsy*	» *hastely*.	» 117,₂₀	»	*the*	» *they*.
» 56,₁₅	»	*ferdful*	» *fereful*.	E.E. 45,₁₄	»	*fanourisshe*	» *fauourisshe*.
» 56,₃₅	»	*geete*	» *greete*.	» 56,₃₀	»	*reyng*	» *renyng*.
» 56,₂₆	»	*for*	» *fro*.	» 63,₃₁	»	*harm*	» *arm*.
» 56,₃₃	»	*mysell*	» *myself*.	M.A.40,₁₇	»	*Enlond*	» *Englond*.
» 60,₃₀	»	*nouewe*	» *neuewe*.	F.S.A.477,10 »		*duche*	» *duke*.
» 63,₂₇	»	*sutthe*	» *sutche*.	» 504,₂₃ »		*abote*	» *aboute*.
» 68,₁₅	»	*dyspleseyth*	» *dysplesed*.				

Für M.A. ist ferner zu berücksichtigen die Zusammenstellung bei *Sommer*.

II. Teil: Flexion.

I. Substantivum.

Singular.

Über das End-e als Mittel zur Kasusbezeichnung ist bei dem zerrütteten Zustande desselben (s. S. 5 und 6) nicht zu handeln.

Den Genitiv Singularis haben *Chaucer* und die Urkk. in der femininen und konsonantischen Deklination noch nicht immer mit *-es (-is, -ys, -s)* gebildet; auch *Caxton* hat noch drei vereinzelte Beispiele des alten Genitivs in *oure lady matyns* B.C. 32, *atte brydge foote* M.A. 573,14, *at the raunge ende* M.A. 573,24.

Überall fehlt das *s* natürlich in Kompositis und in Fremdwörtern auf *-s: sonday, kinge Menelaus wyf, sir Patryse dethe* R.F. 84,19, M.A. 40,20, 733,12.

Plural.

Das Pluralsuffix ist wie schon bei *Chaucer* und in den Urkk. durchaus *-es*, das mit *-is, -ys, -s* wechseln kann: *goddes of wyndis* E.E. 5,26, *goddys of wyndes* E.E. 5,29.

Wie im Genitiv tritt auch hier kein zweites *s* an rom. Substantive wie *trespas, purpoos* R.F. 5,29, 64,16.

Der Plural ohne *-s* in germ. Wörtern.

1. In der vokalischen Deklination.

a) Maskulina. Wie bei *Chaucer* bildet ae. *scōh* neben *shoes, shois* R.F. 2,10, 45,20, 26,28,29,31,33,37, auch *shoon, shoen* R.F. 45,8,11,17, 46,5,6.

b) Feminina. Bei Massbegriffen fehlt das plurale *-s* wie bei *Chaucer* und in den Urkk., wenn ein bestimmtes Zahlwort vorhergeht in *myle, ae. mīl* R.F. 17,14, 85,2,11, M.A. 37,12; *marke, ae. marc* R.F. 56,1, 96,12, 108,21. Hier füge ich gleich das fz. *couple* an in *a thyrtty couple of houndes* M.A. 434,12 und verweise ferner auf die folgenden Neutra. *gere, ae. gearwe* ist *Plurale tantum* B.C. 50. Je einmal belegt ist *lerynge, ae. leornung* R.F. 4,2 und *wytnesse* in den Urkk.

c) Neutra. ae. *pund* und *geár* werden wie oben *myle, marke* als kollektive Singulare gebraucht R.F. 8,14, 14,1, 42,24, 49,21, 68,15, 75,12, 89,27,29, 90,10,25, 98,4. Sonst lautet der Plural regelmässig *yeris*, z. B. R.F. 7,15. Ähnlich wechseln *folc* und *þing: folke* B.C. 500, R.F. 4,9, 13,15, 44,20, 86,16, 91,2, *folkes* B.C. 59, 277. 466; *thinge, thing* B.C. 22, R.F. 64,2, 66,21, 72,12, 92,26, *thingis* R.F. 24,27, 38,25, 65,26, 67,22 69,35. Stets ohne *s* wird gebildet der *Pl.* von *ae. wundor: wonder* R.F. 64,10 und ae. *scēap: sheep* R.F. 65,27, 83,22, 95,19.

Chaucer: pound, yeer(es), folk, tking(es), sheep, deer, hors, neet, swyn, winter; Urkk. *yer(es), folk, thing, cole.*

2. In der konsonantischen Deklination.

a) Die *n*-Stämme (*Sievers* § 276—280). *eyen, ae. éage*, z. B. *B.C.* 416, *R.F.* 16,₂, *M.A.* 46,₂₆; *oxen, ae. oxa R.F.* 78,₁₆; *hosyn, hosin, ae. hosa B.C.* 48, *F.S.A.* 372,₁₇. *dassen R.F.* 39,₁₇; *crysten, ae. cristena R.F.* 64,₃.

Chaucer: yen, oxen, foon und *foos, pesen, asshen* und *asshes, hosen, been* und *bees, fleen, toon* und *toos.* Urkk.: *hosyn, Estere, alle halwen.*

b) Einsilbige konsonantische Stämme (*Sievers* § 281—284) haben durchweg die alten Formen bewahrt: *feet, forefeet, afterfeet, ae. fôt R.F.* 26,₁₂, 18,₂₀, 48,₁ u. s. w.; *teth, teeth, ae, tôd B.C.* 232, *R.F.* 22,₂₁, 34,₂₁, 69,₉, 83,₂₂, ₁₉, 98,₁₉, 100,₂, 106,₂, 107,₄₀; *men, kynnesmen, horsemen, fotemen, footemen, ae. mon,* z. B. *R.F.* 4,₄, 112,₂₁, 58,₉, 59,₂; *wymen, wymmen, ae. wifmon R.F.* 15,₂₆, 17,₁,₅, 28,₉, 96,₂₅, *E.E.* 6,₂₈; *women R.F.* 84,₁₄; *gheet, ae. gât R.F.* 34,₂₉; *ghes, ghees, ae. gôs R.F.* 28,₂₀, 29,₁₂, 34,₂₁, 109,₂; *lyce, ae. lús R.F.* 79,₂₀; *kyen, ae. cú, Gen. Pl. cỹna R.F.* 78,₁₆, *Bl.E.* 119,₁₁, *kene Bl.E.* 114,₉; *myse* neben *myes, ae. mús R.F.* 20,₄₀, 21,₄,₆,₈,₁₄,₃₂, 22,₉, 26,₄, 30,₂₁; die sonst noch belegten Wörter haben bereits -*s*.

Chaucer: feet, teeth, men, wommen, gees, breech, kyn, night, monthe und *monthes.* Urkk.: *men, women* und *wymen, monthe.*

c) Stämme auf *r, nd, os, es* (*Sievers* § 285—290). *brethren, bredern, bretherne, ae. brôdor,* z. B. *R.F.* 32,₂, *F.S.A.* 533,₃₀, 17,₁₀, *brothern F.S.A.* 410,₇; *children, ae. cild,* z. B. *B.C.* 523, *R.F.* 10,₂₈, *E.E.* 12,₁, 165,₁₆, *eyren, ae. ǽg E.E.* 2,₃₄, 3,₈ wird an der angeführten Stelle ausdrücklich als dialektisch bezeichnet neben der überall verstandenen *an.* Form *egges, eggys: E.E.* 2,₂₁, 3,₉.

Chaucer: bretheren, doughtren und *doughtres, sustren* und *sustres, children;* Urkk.: *sustren, brethren, childrin, eyren.*

Ausnahmsweise ist wie bei *Chaucer* von *ae. mon* auch der Genitiv Pluralis nach dem Sg. mit -*s* gebildet: *mens, menys, wymmens B.C.* 440, *R.F.* 56,₂₁, 79,₂₀.

II. Adjektivum.

Flexion.

Alte Flexionsunterschiede zwischen der starken und schwachen Deklination, zwischen Singular und Plural, die bei *Chaucer* und in den Urkunden noch so ziemlich bestehen, sind mit dem Verstummen des End-*e* gefallen.

Auch der besonders in den Prosaschriften *Chaucer's* oft vertretene französische Plural ist selten: *many diuerses metes R.F.* 60,₂₉; *thre hebrews names R.F.* 81,₃₅; *most valyaunts men M.A.* 83,₃₁; *the mescreaunts Sarasyns M.A.* 135,₁₀.

Steigerung.

Für das Komparativ-Suffix *-er* tritt selten *ar* ein, z. B. in *forthar* Bl.E. 31,₅ und für das superlative *-est* auch *-ist*: *utterist, lyghtyst* R.F. 33,₂₅. 109,₂₀.

Die Kürzung, die das Komparativ-Suffix hervorruft (vgl. S. 6 und 8), überträgt sich nicht nur wie bei *Chaucer* und in den Urkk. auf den Superlativ in *grettest* M.A. 38,₂, *deppest* R.F. 94,₂₀ u. s. m., sondern gelegentlich auch auf den Positiv: *grette* R.F. 35,₁₂.

Die umgelauteten Komparativ- und Superlativ-Formen von *long, old, strong* sind noch ziemlich oft in Gebrauch, z. B. R.F. 30,₁₄, 61,₁₉.

Die französische Art der Steigerung durch Umschreibung mit *more, most* ist bis auf *Shakspere* herab wenig in Gebrauch. Ausnahmsweise kommen auch Fälle von zwiefacher Steigerung vor: *more gladder, moost noblest* M.A. 218,₂₂, 747,₁₅; Shakspere: *more larger* (Abbott S. 22).

III. Zahlwort.

Kardinalia.

Die Uniformierung, zu der eine Schriftsprache stets neigt, macht auch hier Fortschritte:

1. *Chaucer* und die Urkk. haben neben *one, on* auch noch oft *oo, o*; *Caxton* hat selten *on*; sehr vereinzelt, und zwar nur in F.S.A. *oo*: 113,₁₂, 146,₇.

2. Von den vier bei *Chaucer* und in den Urkk. vorkommenden Formen *tweyne, two, tweye, too* hat *Caxton* nur noch die beiden ersteren, und diese gebraucht er ohne den alten Geschlechtsunterschied, aus dem sie sich erklären: *two felawys* E.E. 8,₁₉, *myn eyen tweyne* B.C. 417. *two* ist weitaus am meisten in Gebrauch, *tweyne* wird fast nur dann gewählt, wenn das Zahlwort dem Substantiv nachgesetzt ist oder wenn es absolut gebraucht wird: *your eres tweyne, thise tweyne, a leef or tweyne* B.C. 37, R.F. 71,₂₂, E.E. 2,₂.

3) Die bei *Chaucer* durch das End-*e* bewirkte Unterscheidung zwischen vor- und nachgestelltem *foure, fyue, sixe* u. s. w. konnte natürlich nicht mehr aufrecht gehalten werden: *four C., foure holes* M.A. 44,₂₀, R.F. 55,₆.

Ordinalia und Zahladverben.

Das bei *Chaucer* neben *firste* vorkommende *forme* ist schon in den Urkk. nicht mehr zu finden.

Neben *other* bleibt *seconde* noch immer selten: R.F. 19,₁₆, E.E. 57,₂₄.

Zu erwähnen sind noch die Schreibungen *a nother* R.F. 94,₁₆ (auch *another*), *fyfte* F.S.A. 452,₂₂ und *ones, twyes, thryes* R.F. 9,₂, 28,₁₂, 57,₂₄.

IV. Pronomina.

Personalia.

In den folgenden Tabellen ist das schwankend antretende End-*e* petit gedruckt, für wechselndes *i*, *y* ist meistens *i*, für *u*, *w* immer *u* gesetzt.

		ae.	Chaucer.	Urkunden.	Caxton.
1. Sg.	N.	ic	y (I, ich, ick)	I (i, y, Y)	I (i, y)
	G.	mîn	[myne, my]	[myne, my]	[myne, my]
	D.	mê	mee	me	me
	A.	mec (mê, me)	mee	me	me
Plural.	N.	wê (we)	wee	we	we (whe)
	G.	ûser (ûre)	[oure]	[oure (houre, ouur)]	[oure]
	D.	ûs	us	us	us
	A.	ûsic (ûs)	us	us	us
2. Sg.	N.	þû (þu)	thou		thou
	G.	þîn	[thyne, thy]		[thyne, thy]
	D.	þê (þe)	thee		the
	A.	þec (þê, þe)	thee		the
Plural.	N.	ȝê (ȝiê, ȝe)	yee	ye	ye
	G.	êower	[youre]	[youre]	[youre (yur)]
	D.	êow	you	youe	you
	A.	êowic (êow)	you	youe	you
3. Sg. masc.	N.	hê (he)	hee	he	he
	G.	his	[his]	[hise (hese)]	[his]
	D.	him	him	him	him
	A.	hine	him	him	him
Sg. fem.	N.	hêo	shee	she (sche, ghe, sho)	she
	G.	hiere	[hire]	[here (hir)]	[here (hir)]
	D.	hiere	hire	here (hir)	her
	A.	hie (hêo)	hire	here (hir)	her
Sg. ntr.	N.	hit	hit (it)	hit (hitt, it)	it (hit)
	G.	his	[his]		[his]
	D.	him	him		him
	A.	hit	hit (it)	hit (hitt, it)	it (hit)
Plural.	N.	hie (hêo)	they	they (thay, þei)	they
	G.	hiera (heora)	[here (hir)]	[here (hir, theire, thaire, there, þare)]	[theire (her, hir)]
	D.	him (heom)	hem	hem (ham, theim, thaime, them, þame)	them (theim, hem)
	A.	hie (hêo)	hem	hem (ham, theim, thaime, them, þame)	them, (theim, hem).

Statt *I* findet sich *i* nur *R.F.* 71,₁₉, 83,₃,₄, 84,₉ und *y R.F.* 47,₂₃. Für *thou* steht höfliches *ye* ganz wie neuenglisch. *R.F.* 66,₂₂ ist wohl infolge eines Versehens *hym* für den *Pl.* und *R.F.* 15,₁₀ *them* für den *Sg.* gesetzt.

In selteneren Fällen, z. B. *M.A.* 95,₂₅, 650,₂, steht das *pron. pers.* noch reflexivisch, und umgekehrt kann *himself* als Subjekt ohne *he* stehen: *M.A.* 202,₁₁, 567,₈.

Verwechselungen von *I, thou, he, she, we, ye, they,* mit *me, the, him, us, you, them,* die wir bei *Shakspere* (*Abbott* S. 142, 143, 159) und in dem Falle *ye—you* auch im Neuenglischen finden, kommen bei *Caxton* niemals vor.

Possessiva.

Die alten Genitive des Personalpronomens (s. oben) stehen nur noch possessivisch.

myn und *thyn* schreibt *Caxton* vor Vokalen und *h*; *my* und *thy* vor Konsonanten. Ausnahmen finden sich selten: *R.F.* 5,₂₀, 10,₄₀, 30,₂₇, 49,₁₈, 58,₇, 111,₈, 114,₇. Weder die Urkk. noch *Shakspere* haben diese Regel so strenge durchgeführt, während sie *Chaucer* nach *ten Brink* § 251 bereits befolgt.

Neben der schon durchaus herrschenden an. Form *their* habe ich altes *her, here, hir* noch in folgenden Stellen gefunden: *R.F.* 2,₁₀, 15,₂₆, 33,₂₆, 40,₉, 45,₂₅, 58,₂₂,₂₄, 77,₂₁, 89,₅, 114,₁₂,₂₉, *M.A.* 40,₁₅,₁₆, 47,₂, 643,₂₅, 816,₁₁.

In prädikativ absoluter Stellung steht neben *our* (*F.S.A.* 545,₁₀) schon bei *Chaucer owris, youres* u. s. w. *R.F.* 56,₂₆, 93,₂₇.

Erst bei *Shakspere* begegnet die Neubildung *its* (neben *it*, vgl. *Abbott* S. 151).

Demonstrativa.

Der bestimmte Artikel lautet *the* für alle Geschlechter, für den *Sg.* und den *Pl.* Das daneben noch gebrauchte alte Neutrum *that* hatte bereits bei *Chaucer* und der *Pl. tho* in den Urkk. mehr demonstrativen Charakter angenommen. *Tho*, bei *Chaucer* der regelmässige *Pl.* und auch in den Urkk. nicht selten, ist nur erhalten: *R.F.* 33,₁₉, 34,₁₅, 46,₂₀, 56,₈, 70,₂₆,₂₇, 82,₃, *Bl.E.* 144,₁₀.

Das alte Demonstrativum *this* bildet schon seit *Chaucer* den doppelten *Pl. thes*(e) und *this*(e): *thise lordes, this wordes, thyse dayes, these dayes R.F.* 11,₁₀, 90,₂₇, *E.E.* 3,₂.

Das bei *Shakspere* in der Bedeutung »jene« gefestigte *thoos* kommt erst vereinzelt bei *Caxton* vor: *F.S.A.* 186,₁₁.

thilce, ae. *se ilca* ist in den Urkk. noch oft in Gebrauch, wird aber von *Caxton* kaum mehr verwendet *F.S.A.* 577,₂₄.

Interrogativa und Relativa.

Bemerkenswert sind die Schreibungen *wos B.C.* 359 für den Genitiv und *whomme* für den Dativ *R.F.* 81,₂₅ neben gewöhnlichem *whos*(e), *whoos* und *whom*(e).

the whiche steht häufig für *he who*, z. B. *M.A.* 660,17.
Verallgemeinernd wird gebraucht: *who that, what, who so, what so, what someuer, that that*, z. B. *R.F.* 4,14, 97,11, *M.A.* 723,8.
Die Urkk. haben *thet* neben *that*; Shakspere verwechselt *who* und *whom* (vgl. S. 41 und Abbott S. 187.)

Sonstige Pronomen.

Verstärkendes, gewöhnlich reflexivisches *selfe* hat in *oure self, your self, them self, hem self* noch kein Plural-Zeichen; nur in einem Falle ist die alte schwach flektierte Form belegt: *they them seluen R.F.* 86,13.

Der unbestimmte Artikel heisst überall *an* vor Vokalen und *h*; *a* vor Konsonanten. Ausnahmen: *a hole yere R.F.* 22,35, *a iepardye R.F.* 27,36, *an leden malle R.F.* 16,15.

Für *eche other M.A.* 659,29 steht in gleicher Bedeutung auch *other M.A.* 97,8, *eueryche other M.A.* 97,21, *eyther other M.A.* 142,33, *togyder M.A.* 707,15.

Für *some* und *any* kommt auch *what* vor: *M.A.* 556,19.

Der Genitiv *Pl. aller* findet sich nur noch bei *Chaucer*.

men unser »man« kommt bei *Chaucer* als *men, me* in den Urkk. als *me*, bei *Caxton* als *men, mē* vor.

eueryche erscheint neben *euery* nur noch ganz vereinzelt: *R.F.* 15,30.

V. Verbum.

A. Die starken und schwachen Verba.

a) Tempusbildung.

Starke Verba.

Klasse I (nach Sievers, Ags. Grammatik).

1. Unter nördlichem Einfluss ist der Singular-Vokal des Präteritums in den Plural gedrungen in *ábídan R.F.* 20,32, *smítan R.F.* 16,24, *árisan R.F.* 27,34, 46,38. Bei *Chaucer* und in den Urkk. ist das lange *o* noch durchaus auf den *Sg.* beschränkt; dagegen kennt *Shakspere* sogar Participia mit dem Singular-Vokal: *arose, strove, drove, rode, wrote, stroke (Abbott* S. 244, 245, *Lummert* S. 28).

2. Nur einmal belegt ist *Sg. Prt. grepe* von ae. *gripan R.F.* 111,6; *bleef*, 3. *Sg. Prt.* von ae. *belífan* ist nach *léfan* gebildet (vgl. S. 21) *R.F.* 15,23.

3. Schwach geworden ist *stríean R.F.* 66,1, 71,24 und *rídan Bl.E.* 83,21. fz. *estriver* bildet schon gemein *me.* das starke *Prt. strof*: *R.F.* 83,24.

Klasse II.

1. Der Vokal des *Ptz. Prt.* ist schon bei *Chaucer* zwar oft in den *Pl. Prt.* gedrungen, aber nur in dem einen Fall *shoof* auch in den *Sg. Caxton* hat folgende Singulare *Prt.* mit *o*: *shoef, shooue,* ae. *scúfan R.F.* 18,10, 27,23, 95,23; *crope,* ae. *créopan R.F.* 27,22; *chose,* ae. *céosan Bl.E.* 25,23; *frore,* ae. *fréosan R.F.* 82,10.

2. *fléogan* lautet im *Prt.* nie *fleigh*, sondern durchweg *flewe, flewh* im *Sg.* und *Pl.*
— eine Form, die neben *fleigh* auch schon bei *Chaucer* zu belegen ist (vgl. *Skeat*). Beisp. für den *Sg.*: R.F. 20,₂, 55,₂₁, ₂₇, 106,₂; für den *Pl.*: R.F. 28,₂₆. Daneben kommt auch der *Sg. Prt. flough* vor in F.S.A. 39,₁₀.

3. Schwach sind oft schon bei *Chaucer créopan, cléofan, fléon, léosan*: *crepte* (neben *crope* s. oben) R.F. 38,₁₉, 87,₄₀; *cleuid* R.F. 29,₅, 40,₂₁; *fled, fledde* R.F. 49,₂, M.A. 47,₃; *loste* (neben *loren* R.F. 50,₁₁ u. s. w.) R.F. 8,₂₉, 17,₁₂. Bei *Caxton* ausserdem noch *lyed*, ae. *léogan* R.F. 105,₁; *souked*, ae. *súcan* F.S.A. 143,₁₂.

Klasse III.

1. Der Singular-Vokal ist in den *Pl.* getreten in *ranne*, ae. *iernan* R.F. 15,₂₀, 17,₄. Über *Sg. Prt. ronne* neben *ran* vgl. S. 10.

2. Nach dem Partizip *Prt.* (und *Pl. Prt.*) gebildet ist der *Sg. Prt. to broste*, ae. *berstan* F.S.A. 478,₁₂ und *fought* E.E. 8,₂₇. Das Chaucer'sche *faughte* ist fast ausgestorben, es steht noch F.S.A. 299,₂₂.

Die bei *Shakspere* häufigen *Prt. Sg. sung, sprung, begun, drunk.* (Abbott S. 241, 244, 245) kommen nie vor.

3. Schwach geworden sind ausser dem bei *Chaucer* schon sicheren *brenned, brente* R.F. 35,₁₆, F.S.A. 19,₂₆, 386,₁₉ manchmal auch *helpan* und *slingan*: *helped* R.F. 15,₄ neben starkem *helpe* R.F. 69,₂₇, 101,₂₆, 103,₁₀ und seltenem *halpe* R.F. 96,₉; *slonked* (für *slonged*) R.F. 55,₂₃, aber *slange* R.F. 55,₂₆.

Klasse IV.

1. Der Singular-Vokal steht auch in dem *Pl. Prt.* von *beran* R.F. 9,₂₄, ₂₇ und *stelan* R.F. 18,₅.

2. In ae. *cuman* ist das alte Präteritum *côm, cômon* wie bei *Chaucer* nur selten als *come* im *Sg.* und als *com, comen* im *Pl.* geblieben. Beisp. R.F. 43,₁₀, M.A. 38,₂₆, R.F. 34,₂₆, E.E. 8,₇, 124,₁₁. Durchweg ist der *Sg.* auf *cam, came* zurückgegangen, z. B. R.F. 9,₁₅, E.E. 163,₁₀ und nach diesem ist dann der *Pl.* gebildet: *cam, camen* R.F. 9,₂₂, 48,₁₇, E.E. 8,₁₄. — Schwach gewordenes *becomed* wie bei *Shakspere* (Abbott S. 245) fehlt.

3. ae. *werian* hat sich schon bei *Chaucer* den starken Verben dieser Klasse angeschlossen; *ware* R.F. 41,₂₂, *worn* R.F. 41,₁₄.

Klasse V.

1. Der Singular-Vokal ist eingedrungen in den *Pl. stake*, ae. *stecan R.F. 16,₂₄; *bad*, ae. *biddan* R.F. 77,₁₇, M.A. 46,₁₀; *gate*, ae. *gietan* R.F. 87,₁₂, F.S.A. 374,₂₄; *sawe*, ae. *séon* R.F. 9,₁₄, 42,₁₅, 44,₂₀; *gaf, gaaf, gaue, gafe, gauen*, ae. *giefan* R.F. 20,₂₇, 27,₉, 31,₂₂, E.E. 6,₂₅.

2. Das Partizip ist nach der Klasse IV gebildet nicht nur vom ae. *sprecan* wie bei *Chaucer*, sondern auch von *gietan* und manchmal von *giefan*. *spoken* steht z. B. R.F. 32,₁₉, E.E. 2,₁₉; *goten* R.F. 18,₂₇, M.A. 45,₁₂, *forgoten* R.F.18,₂, 29,₁, *begoten* M.A. 38,₂₀, 45,₂₁; *youen* E.E. 57,₂₉, daneben *gyuen* R.F. 19,₂ wie in den Urkk.

3. Das *Pts. Prt.* von ae. *liegan* und *séon* (vgl. S. 24) hat den Vokal des *Prs.* angenommen: *lyen* M.A. 35,₁₉; *seen, sene* B.C. 38, 412; aber auch noch *leyn, leyen* R.F. 8,₁₄, 28,₈. *Seen* kann auch auf das ae. Adj. *geséne* zurückgehen.

Klasse VI.

1. Nach der reduplizierenden Klasse bilden das Präteritum schon bei *Chaucer weaxan* (schon *ae.*) und *wascan*; bei *Caxton* ferner immer *sléan* und meistens *dragan* (auch in den Urkk.) und *hebban: wexe* R.F. 18,₁₉, auch *waxe* (vgl. Abs. 2); *weeshe, wysshe* R.F. 116,₂₃, F.S.A. 38,₈, 336,₁₉; *slew, slewe* R.F. 34,₁₉,₃₀, E.E. 7,₁₁, M.A. 46,₂₄, selten noch *slowe* R.F. 34,₈₈; *drewe, drewen* R.F. 55,₂₆, 116,₈₅, M.A. 46,₈₅, selten *drough* R.F. 17,₁₇; *heef* R.F. 95,₂₇, 96,₈.

2. Nach Klasse IV geht ae. *swerian* und gelegentlich wie bei *Chaucer weaxan*: 3. Sg. *Prt. sware* R.F. 27,₁₅, *Pts. Prt. sworen* R.F. 6,₈; 3. Sg. *Prt. waxe* R.F. 17,₁₄, *Pts. Prt. woxen* R.F. 9,₁₁, F.S.A. 496,₁₄.

3. *Chaucer* ersetzt das verloren gegangene *för* bereits durch *ferde* R.F. 99,₈₅; oft schwach ist ferner bei *Caxton laughed*, ae. *hliehhan* R.F. 14,₇, 23,₈ (aber auch Pl. *Prt. lough* M.A. 45,₁₉) und *waxid* (vgl. Abs. 1 u. 2), ae. *weaxan* M.A. 38,₈; *shaked* kommt erst bei *Shakspere* vor.

Starkes *Prt.* hat seit *Chaucer* ae. *cwacian: quoke* R.F. 47,₂, 56,₁₀.

Klasse VII.

Schwach sind schon bei *Chaucer* 1. immer *walked, radde (redde), dradde* B.C. 359, R.F. 7,₈, 47,₃ und

2. oft *slepte, wepte, highte.* ae. *slǽpan* schwankt noch bei *Caxton: slepe* R.F. 6,₁₀, *slepte* R.F. 27,₈₁, aber immer *wepte* und *hyghte* R.F. 9,₂₆, M.A. 37,₈.

Bei *Caxton* sind ferner schwach flektiert 1. immer *flowde*, ae. *flówan* R.F. 54,₂₃ und 2. manchmal *hléapan* und *healdan: lepte* F.S.A. 337,₃, *leep* R.F. 17,₁₆, 22,₂₂; 3. Sg. *Prt. holde* R.F. 53,₂₇, *helde, heeld, helden* R.F. 28,₅, 32,₁₀, E.E. 163,₁₁,₁₉.

Shakspere's beated findet sich noch nicht.

Schwache Verba.

1. Das Ableitungs-Suffix *i*, welches schon bei *Chaucer* unterdrückt wurde und *Morsbach* in den Urkk. nur noch einmal fand (*Morsbach* S. 132), fehlt bei *Caxton* ganz.

2. Die im Präsens mit einfachem Konsonanten wechselnden Geminata *bb* und *cg* in Verben wie *hæbban* und *licgan*, die bei südlichen Schreibern im 15. Jahrhundert noch gebräuchlich sind und vereinzelt auch in den Urkk. vorkommen (*Morsbach* S. 132), sind bei *Caxton* vollständig durch das einfache *v* und *i* verdrängt.

3. Der überall zu *e* geschwächte Zwischenvokal des Präteritums und Partizips fällt schon bei *Chaucer* oftmals aus. Bei *Caxton* tritt in beiden Fällen Synkope (mit Anfügung eines *-e* im *Pts. Prt.*) oder Apokope ein, jedoch so wenig regelmässig, dass

Formen wie *herd, herede* neben *herde, hered* keineswegs ausgeschlossen sind. Im allgemeinen gilt folgendes:
a) *-ede* ist selten: *mawede, louyde*.
b) *-d* kann eintreten
α) bei den schon ae. ohne Mittelvokal gebildeten Verben *told, brought* u. s. w.,
β) nach Vokalen: *prayd, leyd, maad* und
γ) nach *r, d* (bes. *nd*), *t* (bes. *st*), *ss: answerd, sent, opend*.
c) *-ed* steht gerne nach *v, k, s, l* und in Fremdwörtern: *louyd, asked, complayned*.
d) *-de* kommt in allen anderen Fällen vor: *slepte, wende*.

4. Das präteritale *d* wird zu *t* nicht nur nach *p, t, c, ss* (*Sievers* § 405,₂), sondern wie bei *Chaucer* auch oft nach *n, f* und ursprünglich tönendem *s*: *sent, brente, mente, wonte, shente, lefte, lyfte, lost*; aber *opend R.F.* 12,₁₀, *send M.A.* 35,₆, 40,₁₂, *F.S.A.* 214,₁₇, *woned R.F.* 89,₁₄. Unterschieden ist regelmässig *wende*, ae. *wēnan R.F.* 105,₂₄ von *wente*, ae. *wendan R.F.* 105,₂₆, ferner *slepte*, schlafen *R.F.* 104,₁₆ von *slepid*, schleppen *R.F.* 27,₁₁.

5. Endlich mag an dieser Stelle darauf hingewiesen sein, dass als Hülfsverb häufig noch *be* steht, wo das Neuenglische *have* durchgeführt hat: *were mette, was become, was ryden, was arryued, I am come M.A.* 151,₇, 366,₁₆, 367,₁₅, 561,₂₂, 706,₄.

b) Flexionsendungen
der starken und schwachen Verba.

Präsens.

	ae.	Chaucer.	Urkunden.	Caxton.
Ind. 1	helpe	lufie	helpe	helpe	helpe
2	hilpast	lufast	helpest (-es)		helpeste
3	hilpsd	lufad	helpeth (-es)	helpeth (-ith, -et, -es)	helpeth (-ith, -id)
Pl.	helpad	lufiad	helpen (-n, -e)	helps (-en, -on, -in, -eth, -ith)	helps (-en, -eth)
Opt. Sg.	helpe	lufie	helpe	helpe	helps
Pl.	helpen	lufien	helpen (-e)	helpe (-en, -on, -in)	helps
Imp. Sg.	help	lufa	help; schwach: -e	helps	helps
Pl.	helpad	lufiad	helpeth (helps)	helps (-eth)	helps (-eth, -ith)
Infinitiv	helpan	lufian	helpen (-e)	helps (-ne, -in)	helps (-ene, -in)
Partizip	helpende	lufiende	helpinge	helpinge (-eng)	helpinge (-eng, -ind)

Das schwache *e* steht und fällt wie im schwachen Prt. (vgl. S. 45).
Oft tritt *i* für *e* ein in der 3. *Sg. Ind.*, z. B. in *spekith, faryth, gaderyth, louyth, pluckyth B.C.* 56, 274, 471, *R.F.* 89,₃₆, 114,₃₇, im Imp. *redith B.C.* 337 und Inf. *meuyn B.C.* 3.
Umgekehrt findet sich *e* für *i* im Ptz. nach einem *y: sayeng R.F.* 10,₂₆, 54,₂₃, 77,₃₁, *E.E.* 2,₅; *prayeng R.F.* 9,₁₁, 18,₁₅, 120,₄; *lyeng R.F.* 48,₂₇, 57,₃₆, 62,₄₁, 103,₂₆, 110,₁₂,₃₀,

117,16, 118,12; *taryeng* R.F. 67,16, 68,11; *cryeng* R.F. 26,28, 56,21. Welchen Wert dieses *e* in der Aussprache hatte, zeigen andere Formen, in denen das eine *y* ganz ausfiel: *leyng, playng, fleyng* B.C. 19, 301, R.F. 19,27. Vgl. *Troyians* neben *Troians* E.E. 12,28, 13,10. Anders zu beurteilen ist wohl *sayng* B.C. 520, vgl. *saeng* und *sade* auf S. 22 und 23.
Für *-th* steht *-d* in der 3. Sg. *skathed* R.F. 8,28 und *restid* R.F. 83,21.
Im Plural ist
1. noch die alte mittelländische Endung *-en* recht gebräuchlich. Auffallend an den Gebrauch des nördlichen *-e* und *-es* erinnert es, dass blosses *-e* beim Pronomen, *-en* aber beim Substantiv beliebter scheint: *ye synge, the byrdes syngen* R.F. 5,9, 22,11.
2. Die alte südliche Endung *-eth* ist noch erhalten R.F. 4,21, 44,2, 68,18 und häufiger besonders in M.A.
Noch Shakspere hat *-en*, *-th* und *-s* (Abbott S. 234—40).
Der Imperativ hat südliches und mittelländisches *-eth* in *redeth, redith, lerneth, doubteth* B.C. 20, 323, 325, 337, 344, 345, 386, 515.
Der Infinitiv hat gelegentlich das *-n* bewahrt
1. nicht nur in einsilbigen Wörtern wie *doon* R.F. 67,10, *seen* R.F. 107,20, *seyne* B.C. 126, in denen es sich sogar im Norden hielt, sondern
2. auch in zweisilbigen: *comen* R.F. 5,18, 9,14, 18,2, 33,30, 55,12, 115,14; *syngen* R.F. 11,9, 70,40; *abhorren* R.F. 9,22; *huylen* R.F. 78,13; *blasen* R.F. 78,18; *stonden* B.C. 315; *mocken* B.C. 486; *meuyn* B.C. 3; *to lapen* R.F. 34,26.
Das Partizip hat
1. altes südliches *-inde* nur in einem einzigen Falle: *connynd* B.C. 498, aber öfter
2. französisches *-ant*, z. B. in *erraunt, recreaunt, waraunt, condolaunt, habandaunte* E.E. 18,9, 78,22, 139,14, M.A. 817,24.
Das *n* ist ausgefallen in *brennyg* R.F. 9,24, E.E. 94,21.

Präteritum.

		ae.	Chaucer.	Urkunden.	Caxton.
Ind.	1	healp	lufode	lovede; stark: halp	lovede (-id)	lovede (-ide)
	2	hulpe	lufodest	lovedest; stark: -e		lovedest (-ist, had)
	3	healp	lufode	lovede; stark: halp	lovede (-id)	lovede (-ide)
	Pl.	hulpon	lufedon	loveden (lovede)		lovede (-id, -en, -on)
Opt.	1,3	hulpe	lufode	lovede	lovede (-id)	lovede
	2	hulpe	lufode	lovedest (-e); stark: -e		luvedest (-ist)
	Pl.	hulpen	lufoden	loveden (lovede)	loveden (lovede)	lovede (-en)
Starkes Pts.		holpen		(y)holpen (-n, -e)	(y)holpen (-ne, -e, -in)	(y)holpen (-ne, -e, -in, -on)
Schwaches Pts.			(ge)lufod	(y)loved	(y)lovede (-id)	(y)lovede (-id)

Für das c der Endung tritt auch hier häufig i ein: *daluyst, lyuyd, askyd, willyd arrestid, waxid, comyn* u. s. w. *R.F.* 41,30, 69,24, *M.A.* 35,9.

Die zweite Singularis ist bei *Caxton* schon durchaus nach der schwachen Konjugation gebildet. Ausnahmsweise findet sich je einmal *thow took* und *thou had M.A.* 111,15, *E.E.* 162,21; ähnlich *Chaucer*: *ten Brink* § 194, Anm.

Im Plural ist das -*n* der Endung sehr oft erhalten, besonders im starken Verb. Vereinzelt begegnet die Schreibung -*on*, z. B. in *smeton R.F.* 27,25, und einmal ist für das *d* der Endung vor folgendem *the* ein *th* geschrieben: *thanketh R.F.* 116,9.

Das Particip.

1. Die regelmässige Endung ist bei *Caxton* -*en*; doch ist das -*n* oft gefallen
   a) wie auch in nördlichen Denkmälern dieser Zeit in solchen Wörtern, deren Stamm auf eine Nasalis ausgeht (vgl. *Thomas of. Erceldoune* S. 69). Gemein *me.* sind demnach *ronne, come, welcome, ouercome, bounde, founde, wonne, begonne, benome, vnderstunde,* z. B. *B.C.* 437, *R.F.* 7,30, 20,14, 54,2, 64,16, *M.A.* 36,21, 22, 39,2, *E.E.* 3,12, 4,2, 19.
   b) In andern zweisilbigen Wörtern fehlt es seltener: *holpe, stole, forgyue, falle, broke, bode, tore, holde, farc, take, ryde, bete,* z. B. *B.C.* 414, 476, *R.F.* 8,27, 10,2, 21,30, 24,24, 28,22, 72,11, 106,11, *F.S.A.* 478,24.
   c) Wenn die Einsilbner *ben, doon* und *goon* mit *haue* und *shall* verbunden ausserhalb des Satztones stehen, so kann das -*n* fallen: *R.F.* 9,1, 17,22, 46,19, 62,9, 109,22 *E.E.* 10,8.

   Auch bei *Shakspere* ist das *Pts. Prt.* ohne -*n* nicht ungewöhnlich: *Abbott* S. 244.

2. Für -*en* erscheint wie öfters bei provinzialistischen Schreibern des 15. Jahrhunderts
   a) -*yn* in *comyn, holdyn M.A.* 35,9, 44,22, und
   b) -*on* in *wreton R.F.* 4,2, 10,15, 39,25, 51,9, 17 u. s. w.

3. Das alte Präfix *ge*, das bei *Chaucer* und in den Urkunden recht gebräuchlich ist, kommt bei *Caxton* nur selten vor, ist aber noch in der Sprache *Shakspere's* nicht ganz ausgestorben (*Abbott* S. 245): *yfonde, ybounde, yholde, ysette, ystranglyd, ysought, ybarryd, yblinded, ybrought, ycast, ygadred, yhorsed, yrought, R.F.* 22,2, *M.A.* 699,15, 754,1, 780,27, 822,22, *Bl.E.* 102,5, 107,20, 110,1, 111,25, 113,32. 144,14, 162,14, 169,4, 170,15.

B. Präterito-Präsentia und Anomala.

wât.

	ae.	Chaucer.	Urkunden.	Caxton.
Prs. 1	wât	woot	wot	wote
2	wâst	wopost		woost
3	wât	woot		wote
Pl.	witon	wite(n, woot)	wote	wote
Opt.	wite	wite		wiste

	ae.	Chaucer.	Urkunden.	Caxton.
Imper.	wite	wite		wyte (wytte)
Prt.	wisse, wiste	wiste	wist	wiste
Inf.	witan	wite(n)	wite, (wetyn)	wite (wete)
Pts. Prs.		witinge	vnwytyng	vnwetyngly
Pts. Prt.	[gewiss]	wist	wist	wist

ág.

Prs. 1	ág (áh)	owe	owe	owe
2	áht, áhst	owest		owest
3	ág (áh)	oweth	oweth (-ith)	oweth
Pl.	ágon		owe(n)	owe (oweth R.F.115,₂₅)
Prt.	áhte	oughte	ought (oght, owid)	oughte

can.

Prs. 1	con(n), can(n)	can	kan(ne, can)	can
2	const	canst		canste
3	con(n), can(n)	can	kan(ne, can)	can
Pl.	cunnon	conne(n, can)	konne (kanne)	can (conne R.F. 67,₉, 60,₂₃)
Prt.	cúðe	kouthe (koude)	koude	couðe
Inf.	cunnan	conne(n)		conne

dear.

Prs. 1	dear	dar		darε
2	dearst	darst		darst
3	dear	dar		darε
Pl.	durron	dor (dar)	dur	dar R.F. 64,₂₃, 72,₆
Prt.	dorste	dorste	dorst	durste R.F. 5,₁₈, 19,₁
Inf.	[durran]		dor (dar)	dore R.F. 72,₂₃

sceal.

Prs. 1	sceal	shal	shal(l, schal)	shal(le)
2	scealt	shalt		shalt(shal R.F. 84,₁₃)
3	sceal	shal	shal(l, schal)	shal(le)
Pl.	sculon, sceolon	shullen, (shul, shal)	schul(le,-en,schule, sull, scholle, shalle, sall)	shal(le, shul, shulle R.F. 53,₁₄, 70,₄)
Prt.	sceolde	sholde	sholde (schulde)	sholde (shoulde, shulde)

mæg.

	ae.	Chaucer.	Urkunden.	Caxton.
Prs. 1	mæg	may	may	maye
2	meaht, miht	might (mayst)		mayste R.F. 76,₂₇, 108,₂₆
3	mæg	may	may	maye
Pl.	magon	mowe(n, may), may	mowe (may)	maye
Opt.	mæge	mowe	mowe	may (mowe Bl.E. 14,₈, 32,₁₇, 43,₁₄)
Prt.	meahte, mihte	mighte	myght	myghte
Inf.	(magan, mugan)			mowe R.F. 4,₁₀, Bl.E. 14,₈

môt.

Prs. 1	môt	moot		muste
2	môst	moost		must(e)
3	môt	moot		muste
Pl.	môton	mooten (moote)		muste
Opt.	môte	moote		mote R.F. 30,₂, 33,₆, 91,₄₃
Prt.	môste	moste	muste (most)	muste

wille.

Prs. 1	wille, wile	wil (wol)	wil(le, wele, wol)	wil(le)
2	wilt	wilt (wolt)		wilte (wolt M.A. 38,₂₇)
3	wille, wile	wil (wol)	wil(le, wele, wol)	wil(le)
Pl.	willað	wil(n, wol, woln)	wil(le, wole, wull)	wil(le, woll M.A. 42,₂₂)
Opt. Sg.	wille, wile	wile		wille
Pl.	willen	wolle		wille
Prt.	wolde	wolde	wolde	wolde

dô.

Prs. 1	dô	doo		doo
2	dêst	doost		doost
3	dêð	dooth	doth	doth
Pl.	dôð	doon	doo(n)	doo

		ae.	Chaucer.	Urkunden.	Caxton.
Opt.	Sg.	dô	doo	do	doo
	Pl.	dôn	doon	do	doo
Imp.	Sg.	dô	doo		do(o)
	Pl.	dôđ	dooth		do(o)
	Inf.	dôn	doon (doo)	do(o, doon, done)	do(o, doon, done R.F. 86,₁₄, M.A. 444,₂₂)
	Prt.	dyde	dide	did (dede)	dide (dede R.F. 39,₂₄, E.E. 2,₁₃)
Ptz.	Prs.	dônde	doing		doing
Ptz.	Prt.	gedôn (gedên)	doon, (doo)	doon (done doo, ydo)	doon (done, donne, doo, do R.F. 33,₄, 109,₂₅, 9,₁, 76,₁₀).

gâ.

Prs.	1	gá	go		go(o)
	2	gæ̂s(t)	goost		goost
	3	gǽđ	gooth		gooth (goth, goeth E.E. 47,₁₆, 81,₁₁)
	Pl.	gáđ	goon		goo,(goon, R.F. 118,₁₆)
Opt.	Sg.	gá	go		goo
	Pl.	gân	gooth	go	goo
Imp.	Sg.	gâ	go		go(o)
	Pl.	gáđ	gooth		go(o)
	Inf.	gán	goon (go)	go (gon)	go(o, gon, goon R.F. 12,₆)
	Prt.	êode	yeede (wente)		wente (einmal yede F.S.A. 444,₂₂)
Pts.	Prs.	gânde	going	goyng	goyng
Pts.	Prt.	gegân	goon (go)	goon	goon (gon)

êom.

Prs.	1	êom, bêo(m)	am	am	am
	2	eart, bis(t)	art		art (arte M.A. 70,₂₆)
	3	is, biđ	is	is	is
	Pl.	sind, bêođ	been (bee, selten arn)	beene (bien, byn, bee, beth)	ar (ben, be R.F. 20,₂₉, 20,₁₄)
Opt.	Sg.	sie, bêo	bee	bee	bee
	Pl.	sien, bêon	been (bee)	beene (bien, byn, bee, beth)	bee

		ae.	Chaucer.	Urkunden.	Caxton.
Inf.		béon, wesan	been (bee)	bee (ben, bien, beyn)	bes
Imp.	Sg.	béo, wes	bee		be
	Pl.	béod, wesad	beeth		be
Prt.	Sg.	wæs	was	was	was
	Pl.	wǽron	were(n)	weren (were)	weere (weren, wheren R.F. 67,₇, 46,₁₀)
Opt.	Sg.	wǽre	were	were	were(einmal ware R.F. 22,₁₃)
	Pl.	wǽren	were(n)	weren (were)	were(n, einmal ware R.F. 100,₃₁)
Pts.	Prs.	wesende	being	beyng	beyng
Pts.	Prt.		been (bee)	been (be, ybe)	beens (be)

Resultate.

Im Anschluss an die in der Einleitung aufgeworfenen Fragen ist zunächst zu konstatieren, dass *Caxton* keine Eigentümlichkeiten des kentischen Dialekts in die Schriftsprache hereingebracht hat.

Eigentlich kentisches *e*, das noch die Sprache *Chaucer's* kennzeichnet, ist bei ihm nicht nachzuweisen, denn die vereinzelte, wesentlich unter denselben Bedingungen wie für altes *i* erfolgende Herabstimmung des festen *y*, *ÿ* zu *e* (S. 13, 14, 20) ist ein Vorgang, der sich bereits im 13. und 14. Jahrhundert über das ganze *me.* Gebiet erstreckte. Vgl. Anz. f. d. Alt. XIII S. 97.

Auch *Caxton's ie, ye* ist nach S. 17, 18 nicht dialektisch, sondern phonetisch zu erklären. Wenn diese Schreibung in älterer Zeit auch hauptsächlich in kentischen Denkmälern überliefert ist (*Danker*, Die Laut- u. Flexionslehre der mittelkent. Denkm., Strassburger Diss. 1879. S. 16), so zeigt doch das Überwiegen der romanischen Wörter mit *ie* bei *Caxton*, dass er viel eher von der französischen Sprache beeinflusst war (vgl. *Behrens* S. 84, 146 und *Morsbach* S. 60). Überdies findet sich *ie* für geschlossenes *ē* schon in den ältesten Londoner Urkunden (S. 16) und noch weiter zurück in *Ms. Harley* 2253 (ed. *Böddeker*, S. 6: *friend*), in *Floris and Blauncheflour* (ed. *Hausknecht: nier*) und auch sonst im 14. Jahrhundert (vgl. *Ellis, E.E.P.* I, S. 260; dazu *Trevisa* in *Mätzner's* Sprachproben I, 2 S. 245,₄,₉: *chief*). Sehr zu beachten ist es ferner, dass selbst in nördlichen Denkmälern aus dem 14. und 15. Jahrhundert mehrmals *ie, ye* für *ae i* und für *i* in offener Silbe (vgl. S. 8, wo noch *ne. weet* nachzutragen ist) vorkommt, so in *Death Arth.* und *Ywain and Gawain* (ed. *Schleich* S. X: *pries, wyese, wieffe, wiet, thies, thiere, Chriestes, belyefe, liefes*), in *Thomas of Erceldoune* (ed. *Brandl* S. 59: *syen, wiete* neben *wete: fete*).

Eine dritte hervorstechende Eigentümlichkeit des Kentischen, die Verwandlung des anlautenden *s* in *z*, scheint bei *Caxton* ganz zu fehlen.

Seine Drucke haben demnach ein weniger kentisches Gepräge als die Schriften *Chaucer's*. Auch gemein südliche Eigentümlichkeiten, wie sie die ursprüngliche Schriftsprache charakterisierten, sind selten geworden.

Für *ae*. *y* kommt *u* nur noch vereinzelt in labialer Umgebung vor (S. 14; dazu *churches F.S.A.* 27,10 neben regelmässigem *chirche*). Das *ae*. *a* vor gedeckter Nasalis ist weit weniger als bei *Chaucer* zu *o* verdumpft und neigt deutlich dem neuenglischen Gebrauche zu; die beiden Fälle *ronne*, *begon* in *R.F.* sind möglicherweise dem *Pl.* entlehnt (S. 9, 10).

Für *f* steht *v* nicht häufiger als bei *Chaucer*, auslautendes *ch* ist viel konsequenter abgeworfen, und für *z* vor hellem Vokal ist öfters *g* eingetreten (S. 30, 33, 34).

Das End-*e* ist verstummt, wie das fast unbeschränkte Schwanken in der Schreibung beweist. Im Gebiete der Flexion sind die alten Formen für den Genitiv Sing. der femininen und konsonantischen Deklination (S. 37), sowie die Plurale *her*, *hem* der 3. Person des *pron. pers.* (S. 40, 41) nur noch ganz ausnahmsweise erhalten. Die im Süden übliche Sonderung zwischen dem Singular und Plural ablautender Verba ist oft durch das Eindringen des Singular-Vokals in den Plural verwischt (S. 42, 43, 44). Das Ableitungssuffix *i* der schwachen Verba 2. Klasse, sowie die im Altenglischen mit einfachem *f* und *g* wechselnden Doppelkonsonanten in Wörtern wie *hæbban* und *licgan* sind durchaus geschwunden (S. 44). Der Plural des *Prs. Ind.* und des *Imper.* endet nur in wenigen Fällen noch auf -*eth* (S. 46). Im zweisilbigen starken *Pts. Prt.* ohne nachaccentuelle Nasalis fehlt das Endungs-*n* selten mehr (S. 47). Das Präfix *y* ist nur noch ausnahmsweise bewahrt (S. 47). Das in einem einzigen Falle noch vorkommende -*inde* des *Pts. Prs.* (S. 46) ist eine Altertümlichkeit, die wohl von einem Setzer hereingebracht wurde und in ihrer Isoliertheit weniger bezeichnend ist für *Caxton's* Sprache als für die Art seiner Revision.

Die nördlichen Tendenzen, welche sich seit Jahrhunderten in der Sprache London's geltend machten, in den Urkk. (— 1430) mehr als bei *Chaucer* (— 1400), zeigen sich also bei *Caxton* wieder stärker als in den Urkk. Doch hat *Caxton* auch nördlichen Eigentümlichkeiten gegenüber sich ablehnend verhalten, wenn sie nur vereinzelt in die Schriftsprache aufgenommen worden waren. Dahin gehört die Endung -*s* der 2. und 3. Sg. *Prs.*, welche *Chaucer* gelegentlich im *Boke of the Duchesse* und im *House of Fame* verwendet (*Engl. Stud.* XII, 175), und die seltenen Formen *sho*, *sall*, *sull*, *englys*, die sich in den Staats- und Parlamentsurkunden finden (*Morsbach* S. 96, 97, 123). Er wollte offenbar nur das gewöhnlich Gebrauchte, das zum Gemeingut Gewordene verwenden.

Das macht ihn zu einem doppelt wertvollen Zeugen für die spontanen, rein zeitlichen Veränderungen, die in den hundert Jahren nach *Chaucer* und den ältesten Londoner Urkk. eingetreten waren.

Vor allem hat der Accent sich von den unbetonten Silben noch entschiedener auf die betonte, in romanischen Wörtern auf die erste zurückgezogen, wie das grössere Schwanken in der Schreibung der Präfixe und Suffixe, besonders der romanischen, die bei *Chaucer* noch intakt waren, andeutet (S. 27—29).

éé geht bereits zu *ie*, d. h. *ī* weiter, *eu* zu *u*, in vereinzelten Fällen auch *óó* zu *ou* (S. 17, 18, 20, 25).

Von stärker hervortretenden Einflüssen der Konsonanten ist besonders zu erwähnen, dass *r* gerne Zerdehnung des vorausgehenden langen, sowie offenere Aussprache des vorhergehenden kurzen und manchmal auch des folgenden langen Vokals bewirkt (S. 4, 11, 21). Ferner schiebt sich zwischen *l*, *r* und folgendem *w* (aus *g*) fast immer ein Gleitelaut ein (S. 29). Die Form *it* ist schon bedeutend häufiger als *hit*.

In der Flexion kommt *thoos* auf, während *tho* schwindet (S. 41). Das ae. *þás*, welches bei *Chaucer* und in den Urkk., auch noch bei manchem Schüler des ersteren, z. B. dem Übersetzer des *Palladius* (vgl. *Struever, Haller Diss.* 1887), vollständig fehlt, war im Norden nicht ausgestorben; es findet sich z. B. in *Ywain and Gawain* (*Schleich* S. XXI) und in *Sege off Melayne* (*Göttinger Diss.* 1890 von *B. Dannenberg* S. 37).

Die Flexion des Verbums ist durch Analogiebildungen im Ablaut und durch Übertritt vieler starker Verba in die schwache Konjugation weiter uniformiert (S. 42, 43, 44). Ausgestorben sind infolge fortschreitender Angleichung die Formen des *Pl. Prs. Ind. wite(n)*, *Opt. wite*, *Pl. Prs. Ind. dor*, *dur*, *Pl. Prs. Ind. conne(n)*, 2. *Sg. Prs. might*, *Pl. Prs. Ind. mowe*, 1. und 3. *Sg. Prs. moot*, *Pl. Prs. Ind. moote(n)*. Nur noch ausnahmsweise ist erhalten der *Pl. Prs. Ind. shulle*, *Opt. mowe* und 3. *Sg. Prt. yede* (S. 47—50). Der bei *Chaucer* seltene und in den Urkk. ganz fehlende *Pl. ar*, wie *thoos* im Norden erhalten (*Sege off Melayne* S. 44, *Thomas of Erceldoune* S. 71), ist bei *Caxton* die durchaus herrschende Form geworden.

Caxton ist demnach in seiner Sprache bedeutend fortschrittlicher als *Chaucer*; er ist aber zugleich einheitlicher als die Urkk. (und *Shakspere*), weil er — und darin besteht hauptsächlich sein aktives Eingreifen in die Gestaltung der Schriftsprache — vielfach bemüht war, die in grosser Mannigfaltigkeit überlieferten Schriftzeichen und Wortformen zu sichten und zu sondern.

So giebt er das leicht zu Missverständnissen Anlass gebende Dehnungszeichen *y* in *iy*, *ey* und *oy* auf (S. 5) und sondert zwischen *ie* = *éé* und *ea* = *èè*, wo mancher Setzer und Schreiber des 16. Jahrhunderts (vgl. *Thomas of Erceldoune* S. 58) wieder Verwirrung schuf (S. 4, 17, 18).

Er festigt das bei *Chaucer* schwankende *au + h*, *ai + ht* und *ou + ht* (S. 22, 23, 24). *Than* und *then* hat er phonetisch wie im Neuenglischen, *myn*, *my* und *thyn*, *thy* euphonisch nach dem folgenden Laut konsequent gesondert (S. 10, 41). Er hatte ein Ohr für feinere Nüancen der Sprache.

Er trifft eine Auswahl, die in den meisten Fällen auch für das Neuenglische massgebend geworden ist, zwischen den verschiedenen Formen von *I*, *Y*, *i* und *y*, *togidre* und *togedre*, *moche*, *muche*, *meche* und *miche*, *suche*, *swiche* und *syche*, *suster*, *soster* und *sister*, *silver* und *selver*, *whiche* und *wheche*, *ony*, *any* und *eny*, *moost* und *meest*, *there*, *thare* und *thyr*, *muste* und *moste*, *wil*, *wel*, *wol* und *woul*, *they* und *thay*, *their*, *thaire*, *there* und *thare*, *them*, *tham*, *theim* und *thaim*, *tweyne*, *two*, *tweye*, *too* u. s. f. zu Gunsten von *I*, *togidre*, *moche*, *suche*, *suster*, *silver*, *whiche*, *ony*, *moost*, *there*, *muste*, *wil*, *they*, *their*, *them* und *two*.

Für inlautendes *gg* führt er die phonetische Schreibung *dg* ein, für gutturales *g* die Zeichen *gh* und *gu*. Das alte *g* ersetzt er gern durch *g* oder *y*, und die Rune *þ* verwendet er nur noch in einigen Kürzungen (S. 32, 33, 34).

Freilich ist sich *Caxton* in seinen verschiedenen Werken nicht durchaus gleich geblieben. Die Schreibung *ui* für *ú* ist nur in *R.F.* zu finden und vermutlich in Anlehnung an das niederländische Original hereingekommen; auch *o* für *a* vor *nn* steht nur in *R.F.* Das modernfranzösische *oi* für älteres *ei* wird mit Vorliebe in *E.E.* verwendet, einem Buche, das laut Vorrede für das vornehmste Publikum bestimmt war. Der Plural des *Prs. Ind.* auf *-eth* kommt besonders vor in *M.A.*, das Präfix *y* des *Pts. Prt.* und der *Opt. mowe* am ehesten noch in *Bl.E.* und die Formen *faughte*, *oo*, *thilce*, *yede* in *F.S.A.* Diese Abweichungen mögen zum Teil auf ihn selbst zurückgehen, wie die in den erstgenannten Fällen versuchte Begründung wahrscheinlich macht; oft aber lässt das vereinzelte Vorkommen vermuten, dass es sich nur um Versehen der Setzer handelt, die infolge der mangelhaften Korrektur stehen blieben.

Wenn ferner in *B.C.* der *Imper. Pl.*, der in diesem didaktischen Denkmal besonders häufig ist, noch die alte südliche und südmittelländische Endung *-eth* hat, *a* vor *nd* in den wenigen vorhandenen Fällen zu *o* wird, *ae. byrig* in der sonst nicht belegten Form *berye* erscheint und die Schreibung *ea* noch gänzlich fehlt, so mögen diese verhältnismässig wenigen Anklänge an den Sprachgebrauch *Chaucer's* aus der Handschrift herübergenommen sein, in welcher diese Dichtung, bekanntlich ein Werk aus *Chaucer's* Schule, in die Presse gegeben wurde. Auch in dem Abdruck von *Chaucer's House of Fame* (*Chaucer Soc. Ser.* I No. 57) ist eine Reihe derartiger Eigentümlichkeiten zu finden: die Endung *-eth* kommt sowohl im *Imp. Pl.* (*listeneth* 511, doch *herkene* 109, 508) als auch einmal im *Prs. Pl.* vor (*shyneth* 1376); auffallend ist das häufige Präfix *y* des *Pts. Prt.*, das sonst seltene *ylke* (1409, 1535, 1843 u. ö.) und das bei *Caxton* in keinem andern Werke belegte *lyche* (1508).

Im grossen und ganzen hat *Caxton* sein im Prolog zu *E.E.* ausgesprochenes Princip gewahrt und einfach den guten Durchschnitt des damals gebräuchlichen Londoner Englisch als gefestigtere Schriftsprache überliefert. Auch eine prinzipielle oder sonst wesentliche Veränderung der Orthographie in seinen jüngern Drucken gegenüber den älteren tritt nicht hervor. Die Londoner Sprache hat sich offenbar im Laufe seiner vierzehnjährigen Thätigkeit nicht merklich verändert, und er selbst hat auf theoretische und subjektive Neuerungen als praktischer Geschäftsmann in echt englischer Weise verzichtet; nicht einmal die Quantitätsbezeichnung hat er durchgeführt, noch weniger das End-*e* normalisiert. Indem er so seinem Publikum ungefähr dasselbe Sprachbild immer wieder vor Augen brachte und es daran gewöhnte, hat er die Fixierung des Sprachgebrauchs namhaft gefördert, weit mehr als seine Systematik, die ja noch heute vielfach im Argen liegt.

Nachträge und Berichtigungen.

S. 7, Z. 5 von unten ist *warian* für *varian* einzusetzen.
S. 8, Z. 2 von oben ist *ne. weet, Caxton's wete, write* nachzutragen.
S. 12, Z. 9 » » : *yef* steht oft im *House of Fame* (21, 80 u. s. w.) neben *yf*.
S. 13, Z. 15 von unten (bei *Shakspere*) muss » unter *v* getilgt werden.
S. 13, Z. 19 von oben zwischen *in* und *unten* ist »manchen« einzuschalten.
S. 14, Z. 7 von unten kommt hinzu: *churches* F.S.A. 27,₂₀, sonst immer *chirche*.
S. 16, Z. 4 von oben: *gryef, afz. gref*, das auf vlat. *grevis* zurückgeht, ist unter Abteilung α auf S. 17 zu stellen.
S. 25, Z. 15 » » Neben *strawe* bei *Caxton* auch *stre, stree*: *House of F.* 363, 1234.
S. 26, Z. 13 » » lies *jeu* statt *ieu*.
S. 35, Z. 9 » » ist einzuschalten: Ebenso im Inlaut vor *t*; vgl. *plyte* auf S. 15, dazu *hyte* für *hyght*: *House of F.* 663, 2004.
S. 45, Z. 14 » » Selten *wende* = ging: *House of F.* 298.
S. 47, Z. 4 von unten sind bei *Caxton* die Formen *wost* und *wotest* hinzuzufügen.

Die Anregung zu den meisten der folgenden Nachträge verdanke ich einer eingehenden Recension von Dr. F. Holthausen (Litteraturblatt XII 1891, No. 10, S. 337—41).

S. 4, Z. 18 v. o. Haire, ae. hǽr findet sich im Normannischen, und haire, ae. hǽre = härenes Gewand, ist eine gemeinfranzösische Form. Diez Wb.⁴ S. 609.

S. 7, Z. 9 v. o. ist »und s« vor »ist« einzuschalten.

S. 8, Z. 9 v. o. sind hinzuzufügen die gekürzten Formen cladde (S. 32, 14) und truste.

Ib. Z. 11 v. o. lies lettan statt letjan.

Ib. Z. 5 v. u. In Caxtons Wenefreda-Legende (Anglia 3, 295 ff.) 309, 35 findet sich noch ludder.

S. 10, Z. 22 v. o. Fro wird jetzt wohl gewöhnlich von an. frá hergeleitet, doch sprechen Formen wie a-an, o-on, my-myn für Ten Brinks Ableitung von ae. from (Chaucer Gramm. § 58).

Ib. Z. 9 v. u. Danach ist der Satz bei Skeat s. v. band zu korrigieren: »Bende, a company of men, not found in this sense in me«. Der Form nach wird sich das Wort an ae. bend angelehnt haben, der Bedeutung nach aber ist es das bei Littré I, 290 im 15. Jahrhundert belegte band (bend). Vgl. Grimm Wb. 1, 1099, Heyne, Wb. s. v. Bande, Kluge, Wb. s. v. Band.

S. 11, Z. 2 v. o. »Lāmb gegenüber cómb erklärt sich als Ausgleichung nach dem Plural«, ae. lambru«. Holthausen, Deutsche Litteraturzeitung 1888, No. 47, Spalte 1714.

Ib. Z. 9 v. u. Wenn ich von schwankender Aussprache von university spreche, denke ich an den slang-Ausdruck 'varsity.

Ib. Z. 2 v. u. muss es deutlicher heissen: »In me. offener Silbe«.

S. 12, Z. 11 v. o. kommt hinzu besprynct Wenefreda-L. 298, 23; 299, 48.

Ib. Z. 9 v. o. ist byle zu tilgen und der Beleg zu übertragen auf S. 20.

S. 19, Z. 6 v. u. lies: smooth, Adverb zum ae. Adj. sméde.

S. 20, Z. 7 v. u. Ueber o vor gedecktem l ist S. 15 bereits gehandelt.

S. 21, Z. 3 v. u. ae. rúm, nach Stratmann S. 513 im 13. Jahrhundert rum, im 14. roum, im 15. roum und rom, Caxton room. Die Annahme dass der ū-Laut hier durch r verhindert wurde, in den Diphthong ou, au überzugehen, scheint mir der Haltung des r im 15. Jahrh. zu widersprechen; dieser a-haltige Konsonant hat durchaus die Tendenz, offenere Laute einzuführen, nicht aber sie fern zu halten. Ich ziehe deshalb noch immer die S. 21 gegebene Erklärung vor, wonach der ū-Laut im 15. Jahrh. zu ō wurde; dazu stimmt sowohl die Schreibung, als auch die ne. Aussprache. Doch will ich nicht leugnen, dass Bewahrung des ū möglich ist, dann aber unter Einfluss des m.

S. 28, Z. 11 v. u. Lat-atem wird bezeichnender Weise zu -ee in magnanymitee, fern vom Hauptaccent: Caxtons Cäcilien-Legende (Chaucer-Soc. Originals and Analogues 207 ff.) 207.

S. 30, Z. 17 v. o. lies púma statt puma.

Ib. Z. 19 v. o. Assimilation von b vor t zeigt opteyned Cäc. Leg. 211.

S. 31, Z. 13 v. u. Ratte ist mnl. rat.

S. 32, Z. 6 v. o. Kynrede steht noch Cäc. Leg. 217.

S. 33, Z. 9 v. u. Neben gruwen findet sich schon mnd. gruwelen.

Ib. Z. 1 v. u. Westmestre Cäc. Leg. 207 u. ö. Mouilliertes n schreibt Caxton gn und ngn.

S. 34, Z. 10 v. o. Thirde findet sich schon in den Urkk. Morsbach S. 19.

Ib. Z. 1 v. u. In neclygent steht c für g Wenefr. Leg. 310, 2.

S. 42, Z. 1 v. u. Prt. Sg. chaste Wenefr. Leg. 302, 1.

S. 45, Z. 14 v. o. Felte Cäc. Leg. 213.

Ib. Z. 5 v. u. lies 44 statt 45.

S. 53, Z. 22 v. o. Nicht Chaucer, sondern die Sprache der Urkk. ist demnach die Grundlage der Schriftsprache. Auch E. Gasner kommt in seiner Dissertation über die Sprache Wyclifs (Göttingen 1891) zu diesem Resultate: »Es scheint uns zweifellos bei der engen Zusammengehörigkeit mit den Urkunden und Caxton, dass es gerade die in den Wortformen schillernde und Einfluss gewinnende Sprache der Hauptstadt war, an die sich die »Schreiber« der Bibel hielten«. S. 139.

Vita.

Am 26. April 1861 wurde ich, Hermann Römstedt, in Barnitz bei Dannenberg geboren. Nachdem ich das Realgymnasium zu Leer absolviert hatte, wandte ich mich zunächst dem Volksschulfache zu, und erst Ostern 1888 bezog ich die Universität Göttingen, um neuere Sprachen zu studieren. Meine akademischen Lehrer waren die Herren Docenten Baumann, Brandl, Cloetta, Ebray, Hamann, Heyne, Holthausen, Lange, Miller, Mirbt, W. Müller, G. E. Müller, Perrin, Roethe, Vollmöller, Wieseler und v. Wilamowitz-Moellendorf. Ihnen allen, besonders aber Herrn Professor Dr. Brandl, bin ich zu grösstem Danke verpflichtet.